AF142275

Franz von Pocci

Lustiges Komödienbüchlein

Franz von Pocci

Lustiges Komödienbüchlein

ISBN/EAN: 9783744643238

Hergestellt in Europa, USA, Kanada, Australien, Japan

Cover: Foto ©ninafisch / pixelio.de

Weitere Bücher finden Sie auf **www.hansebooks.com**

Lustiges
Komödienbüchlein

von

Franz Pocci.

Zweites Bändchen.

München, 1861.

Verlag der J. J. Lentner'schen Buchhandlung.

(E. Stahl.)

Als Manuscript gedruckt.

Druck von E. Stahl.

Prolog.

Das goldene Ei.

Personen.

Negrocephalus, Zauberer.
Putzlmaier, dessen Famulus.
Der Geckelhahn.
Eine verhüllte Geistererscheinung.
Blitz und Donner.

Felsenhöhle mit Zauberapparaten.

Auf einem Felsblock liegt ein großes Buch aufgeschlagen. Rechts ein Todtenkopf, links ein Eselskopf, in der Mitte eine Sanduhr; ein großer Barometer hängt an der Felsenwand.

Negrocephalus
(steht vor dem Buche und blättert darin).

Beim großen Salamo! heut geht mir nichts zusammen mit meiner Zauberei. Jetzt laborir ich schon den ganzen Vormittag und kann keinen Geist citiren. Vielleicht hab ich nicht das richtige Blattl in mei'm Zauberbuch erwischt oder ist mein Zauberstaberl vom feuchten Wetter etwas verbogen — kurz! es ist eine wahre Schand für einen Zauberer von meiner Qualification! Auch dieser ausgestopfte Kopf des klugen Bienam=Esels schweigt heute, der mir doch sonst die besten Andeutungen gibt. (gibt ihm einen Schlag mit dem Zauberstäbchen.) Na! — gar nichts heut? Was ist's? Kein Zeichen? (Der Eselkopf bewegt die Ohren und schreit „Ja Ja!") Endlich! — Aber jetzt fällt mir was ein! Vielleicht hat mir gar mein Famulus Putzlmaier das Zauberbuch

verblättelt, daß die Seiten nicht mehr mit dem
Kalender zusammengehn; denn der mischt sich in
gar Alles und will alleweil gscheider sein als ich.
Putzlmaier! Putzlmaier!

Putzlmaier (von Außen.)
Was gibt's schon wieder?

Negrocephalus.
Herein da! Wo steckt Er?

Putzlmaier (tritt ein).
Was wolln's denn in aller Fruh z' Mittags?
Jetzt hab ich grad mein' Caffee trinken wollen.

Negrocephalus.
Was hat Er wieder getrieben beim Abstauben
heut in der Fruh? Gelt? 's Buch verblattelt, daß
ich mich nimmer auskenn!

Putzlmaier.
Das kann die Zugluft auch gethan haben.
Wenn ich abstauben und aufräumen soll, so muß
ich auch was anrühren.

Negrocephalus.
Nur nicht naseweis, Monsieur Putzlmaier! —
Schau Er einmal auf den Zauberthermometer,
wie heut meine geistige Temperatur steht?

Putzlmaier (sieht auf den Barometer.)

Grab auf Null! Auf'm Gefrierpunkt.

(Der Esel rührt die Ohren und schreit „Ya, Ya".)

Der Esel sagt's auch. — So schaun 'S doch
in den Sulzbacherzauberkalender. Vielleicht ist
heut nit der rechte Tag.

Negrocephalus.

Still! Was weiß Er von der geheimen Magie.
Bleib er in seiner untergeordneten Sphäre und
versteig Er sich nicht in Regionen, die Ihn nichts
angeh'n und die für Ihn viel zu erhaben sind.
Geh Er hinaus und zünde Er lieber im Ofen
das chemische Feuer an; denn ich will experimen=
tiren.

Putzlmaier (im Abgehen.)

Buchen oder Feuchtholz?

Negrocephalus.

Zwei Scheiteln Feuchtholz und drei Buchen=
prügel; dann etwas Torf drauf; denn 's Holz ist
theuer.

(Putzlmaier ab.)

Negrocephalus (allein.)

So will ich denn an's Werk schreiten (liest aus dem
Buche)

Schnuriburiomnibusviribusschabuloribus
Katamizispriziwuzimilimalimolimus
Spiritisfamiliaribusbliziblazibumbumbum.

(Es kracht im Ofen.)

Auweh! bin ich aber jetzt erschrecken! Hat sich
schon ein Geist gerührt, wie mir scheint. Dem muß
ich gleich kräftiger zu Leib steigen.

Hoher Geist, der du den Spruch capirtest
Dich sogleich im Ofenloche rührtest,
Wenn du der bist, den ich meine,
Unsichtbarer so erscheine.
Ich citire dich bei Salomo's Gewalt,
Zeige dich in x beliebiger Gestalt.

Unter krachenden Flammen erscheint der große Gockelhahn.

Gockelhahn.

Kikeriki, kikerikich bin da,
Gerufen hast du, so bin ich nah.

Negrocephalus (zitternd.)

Sprich, wer bist du?

Gockelhahn.

Ich bin der kluge Gockelhahn
Und kräh den frühen Morgen an.

Negrocephalus.

Bist du ein guter oder ein böser Geist?

Gockelhahn.

Kikerikich bin ein guter Geist,
Der kluge Gockelhahn geheißt.

Negrocephalus.

So sprich, wie stehst du mir zu Dienst,
Da du auf mein Geheiß erschienst?

Gockelhahn.

Ich bin der kluge Gockelhahn,
Der Henne Gackeradack ihr Mann;
Und meine Frau sitzt auf dem Mist,
Im Legen sie begriffen ist.

Negrocephalus.

Was legt die Henne, o sag geschwind,
Und wo legt sie, damit ich's find.

Gockelhahn.

Ein goldnes Ei,
Das brich entzwei;
Was aus dem Ei wird kommen,
Das mag dir sein zum Frommen.
Mir aber gib eine Hühnersteig
Und dann mein Futter aus gutem Teig.
Ein goldnes Ei,
Das brich entzwei!

Negrocephalus.

Schaff mir das Ei sogleich hieher,
Ist was Gut's drinnen, freut's mich sehr.

Gockelhahn.

Das goldene Ei das sollst du haben,
Da draußen liegt es in dem Graben.

Negrocephalus.

Flieg auf, flieg auf, mein Gockelhahn,
Und ist's nicht wahr, so ist's ein Wahn.
(Gockelhahn fliegt fort.)

Schlapperment! jetzt bin ich aber schachmatt von
der Zauberei. Ich muß in mein Schlafkabinet
gehn, um etwas auszuruh'n. Einstweilen kann der
Putzlmaier aufpassen. Putzlmaier!

Putzlmaier.

Da bin ich schon; was gibt's?

Negrocephalus.

Aufgepaßt, Putzlmaier! Nimm Er seinen Kopf
zusammen und mach Er keine Dummheit. Während ich jetzt in meinem Cabinet in einigen Büchern nachschlage, bleib Er hier und päß Er auf,
daß nichts geschieht. Wenn aber was geschieht, so
muß Er mir's gleich melden.   (ab)

Putzmaier (allein).

Das ist wieder eine schwierige Commission.
Also: Wenn Nichts gschieht, nachher gschieht Nichts
und wenn was gschicht, so gschieht was. Also
aufgepaßt, Putzmaier! Aber das Hersitzen ist mir
zu langweilig. Ich will mich unterdessen a bißl
mit dem Zauberbuch unterhalten; vielleicht kann
ich mir auch einmal einen Geist herzitiren. (blättert)
Pfui Teufel! Das sind abscheuliche Kribes Krabes.
(blättert weiter) Ah! das laß ich mir gfall'n, da ist
ein wunderschöner Gockel abgemalt. (liest.)

 Kikeriki, kikeriki erschein,
 Wenn du der bist, den ich mein'.

Ein Knall. Gockelhahn fliegt herab und legt ein großes goldenes Ei
nieder, das er in den Krallen hält.

Gockelhahn.

Großer Zauberer, du hast befohlen.
Dieses Ei ist nicht gestohlen;
Ich bring es her, leg dir's zu Füßen,
Frau Gackerakack läßt dich schön grüßen!
    (fliegt ab.)

Putzmaier.

Ah! Ah! — Das ist aber schön! Ein golde=
nes Ei! Das gfallt mir. Was muß denn da drin=
nen sein? Das könnt eine hübsche Portion Eier=

speis geben. Aber's Eierbecherl müßt schon so groß
sein, wie ein Halbeeimerfaßl. Da sag ich vorder=
hand meim' Herrn nichts davon.

Stimme aus dem Ei.

Macht's auf! ich erstick!

Putzlmaier.

Aha! da rührt sich was. Ist vielleicht ein
kleines goldenes Gockerl drin?

Stimme.

Tausendnochemal! macht's auf! ich erstick!

Putzlmaier.

Ja, wie kann ich denn aufmachen?

Stimme.

Nimm das Zauberstaberl und schlag dreimal auf
das Ei, so wird es zerspringen.

Putzlmaier.

Nein, nein! da trau ich nit. Da könnt der
Spadifankerl drinstecken. Ich will's lieber mei=
nem Herrn melden. (ruft) Herr Negrocepherl, kom=
men's heraus; aber geschwind, sonst erstickt der Teufel.

Negrocephalus (kömmt.)

Was gibt's da? — Aha! das Ei. Brav, brav,
der Gockl hat Wort ghalten.

Putzlmaier.

Jetzt nehm S' nur g'schwind ihr Spazierröhrl und tipfen S' e bißl drauf; aber z'vor absentir ich mich, denn mit dem verdächtigen Eierdotter will ich nichts z'thun haben.

Negrocephalus.

Geh Er nur, wenn Er Furcht hat. Ha, ha, ha! Ein Zauberer wie ich fürchtet dergleichen nicht.

Putzlmaier.

Ghorsamer Diener! (ab.)

(Negrocephalus betrachtet das Ei ängstlich von allen Seiten.)

Stimme (im Ei.)

Aufgmacht, sag ich!

Negrocephalus (fährt voll Schrecken zurück.)

Ei der tausend! was ist das?

Stimme.

Aufgmacht, oder ich brich durch!

Negrocephalus.

Der Putzlmaier hat doch nicht so Unrecht. Weiß's der Deixel, ob nit der Deixel da drin steckt! Jeden=falls muß ich mich sicher stellen. (eilt ans Zauberbuch und liest):

Steckt im Ei dieß oder das,
Ich verbitt' mir jeden Spaß;

Denn wenn ich einen Geist citir'
Verlang ich Anstand und Manier.
Lieber Geist, ich bitte dich,
Sei so gut und mir versprich,
Daß, wer du auch immer bist,
Du mich nicht verschlingst und frißst.
Beim großen König Salomo,
Und wenn es so ist, sag es so.

Stimme.

Ich thu keim' Menschen was. Aufgemacht, ich
halt's nimmer aus!

Negrocephalus
(mit dem Zauberstab an das Ei tretend.)

Eh ich die goldne Hülle sprenge,
Die dir, wie du mir sagst, zu enge,
Sollst du bei allen Geistern schwören,
Und daß vernehmlich ich's kann hören.

Stimme.

Ich schwör's, ich schwir's.

Negrocephalus
(berührt das Ei mit dem Zauberstab.)

So öffne' dich, du goldnes Haus;
Versteckter Geist, tritt nun heraus!
(zugleich salvirt er sich hinter's Zauberbuch.)

Unter knallendem Feuerwerk öffnet sich das Ei. Eine mit bunten Lappen verhüllte Gestalt erhebt sich daraus.

Negrocephalus.

Was ist das für eine kuriose Figur,
Kunterbunte Lappen seh' ich nur:
Blau und gelb und grün und roth,
Ist das eine neue Geistermod'?
Wer bist du sprich?
Ich frage dich.

Die Hülle fällt und Casperl springt aus dem Ei.

Casperl.

Ich bin's, der in der bunten Hülle prangt,
Und den sich alle Welt verlangt.

Negrocephalus.

Unverschämt! Scandalos! Einen Geist hab ich mit meiner magischen Gewalt citirt und aus dem goldenen Ei springst du heraus? Welche Frechheit!

Casperl.

Als ob ich kein Geist wär!

Negrocephalus.

Ja, aber welcher? Gleich hinaus mit dir!

Casperl.

Oho, das geht nit so gschwind, alter Zaube=rer! Wissen S' denn, wer ich bin?

Negrocephalus.

Ich weiß's schon. Ein Hanswurst!

Casperl.

O, Sie langweiliger Schafskopf!

Negrocephalus.

Impertinenter Flegel! Ich werd' ihn gleich wieder hinauszaubern.

Casperl.

Nir da! geh'n S' nur e bißl auf d' Seiten, damit ich Platz hab und mich an das hochgeöhrte Publicus wönden kann.

Hochgeöhrtestes Publicus!

Ich habe die Oehre, mich Ihnen als möglichst guten Humor vorzustehlen. O, der Humor oder die Humores — sind was werth! Denn die Humores, welche nach lateinischer Erplucation so viel wie eine Art von Feuchtigkeiten bedoiten, sind jene floiden Kräfte, die uns den Dorst zu stillen pflögen, wölchen Dorst der Casperl Larifari absolutaliter nicht leiden kann, weshalbiger derselbe bedoitend zu trinken gewohnt ist. Doch lassen wir diesen zarten Punkt beiseite und reden wir von dem Humor in der einfachen Zahl. Diesen guten Humor möchte ich dem hochgeöhrtesten Publicus mitgebracht

haben; ich möcht' Ihnen damit e bißl die lang=
weilige Zeit vertreiben. Auch hab ich noch einige
Ueberbleibseln von einer halben Portion sogenann=
ter romantischer Poesie im Sack, die ich auf'm
Tandlmarkt selber um 12 Kreuzer gekauft hab und
die meinen alten guten, guten Freund, den Herrn
Clemens Brentano, Gott hab'n selig, umgebracht
hat. Eine herrliche, miserabelverkannte Verlassen=
schaft, die er mit in's Grab hat nehmen wollen;
aber eh' er gstorb'n ist, hat er's doch wieder da
lassen und hat sich gedacht: Vielleicht klaubt's doch
noch eine sympathetische Seele auf! -- Ha! diese
sympathetische Seele hat sich gefunden und die Co=
mödienstückl, die ich da mitgebracht hab, enthalten
den Abdruck des Ausdrucks des Eindrucks eines
Mondscheinstrahles aus der romantischen Zeit, wo
die Ritter noch beim helllichten Tag herumgritten
sind und die Zauberer noch als solche haben gel=
ten können. Aber jetzt machen die Ritter keine
Kreuzfahrten mehr, sondern lassen sich lieber ein
Dutzend kleine Kreuzl'n anhängen und die Zaube=
rer, die uns einen blauen Dunst vormachen, sind
auch noch da, aber das geht Alles auf natürliche
Manier her und — — — Aber ich bitt um Ver=

*

zeitung! beinah hätt' ich mich vom Stoff hinreißen lassen. Nehmen S' halt vorlieb mit dem, was Ihnen der Casperl Larifari ganz ghorsamst gebracht hat und wenn S' gfälligst umblättern, so können S' selber lesen, was er im Sack hat, nehmlich: Ein Büchl, folgenden Inhalts:

Anmerkung des Setzers.

Ich kann dem verehrten Leser meine Beobachtung nicht vorenthalten, daß, abgesehen von der abgeschmackten Erscheinung des Casperl, das gold'ne Ei eine viel geeignetere Verwendung bei feierlichen Gelegenheiten finden könnte. Wäre es z. B. nicht sehr hübsch, wenn bei einem Geburts- oder Namenstagfeste aus dem Ei eine Bouteille guten Weines erschiene, die man dann dem Gefeierten überreicht, oder bei Verlobungen 2 brennende Herzen in Transparent mit den Namenszügen der Verlobten u. dgl. m. Ich kann meine Verwunderung nicht unterdrücken, daß dem Herrn Verfasser nicht dergleichen zu Ehren des Lesers eingefallen ist, und daß er den läppischen Casperl Larifari aus dem Ei erscheinen läßt.

Inhalt.

Doctor Sassafras

oder

Doctor, Tod und Teufel,

in drei Aufzügen.

Personen.

Doktor Saffafras.

Casperl, sein Diener.

Herr von Steinreich.

Marie, dessen Nichte und Mündel.

Schreiber, Sekretär bei Steinreich.

Der Tod, auch Herr Knochenmayer.

Der Teufel.

Ein Bauer.

Bedienter bei Steinreich.

Ein Todtengräber.

Erscheinungen.

I. Aufzug.

Des Doktors Studirstube.

(Bücher, medicinischer Apparat ꝛc.)

Doktor Saſſafras.

Die Laſt der Arbeit erdrückt mich beinah! Es iſt wirklich etwas Erſchreckliches, ein Arzt zu ſein. Mit dem früheſten ſtehen ſchon die Hilfeſuchenden vor meiner Thüre; dann heißt's in der ganzen Stadt oder auf dem Lande herumfahren; kaum hab' ich mich Mittags mit Speis und Trank ge= ſtärkt, überlaufen mich die Patienten wieder in meiner Wohnung; dann abermals Viſiten; Nachts wenn die andern Menſchen ausruhen, bin ich auch nicht ſicher, daß ich nicht irgendwohin geholt werde! Geld mache ich mir genug bei dieſem Wirken, be= ſonders ſeit ich die drei Heilmethoden exercire, die Allopathie, die Homöopathie und die Hydropathie (vielleicht nehme ich auch noch die Heilgymnaſtik dazu). — Ich kurire oder bringe die Leute um, wie ſie wollen. Man bewundert meine Prognoſe,

· 1 *

meine Diagnose — kurz man nennt mich einen
zweiten Hypokrates oder Paracelsus!

(Casperl tritt ein.)

Casperl.

Hochgelehrtester Herr Doctor! Da draußen steht
schon wieder ein ganzer Kubel Patienten, die ein
Rezept haben wollen von Ihnen. Einen haben's
gar auf einem Wagerl hergschoben; er hat keine
Füß mehr und möcht, daß Sie ihm was eingeben,
damit ihm wieder neue anwachsen; einen Blinden
haben's auch hergführt, der möcht ein paar frische
Augen. Nächstens kommen die Leut ohne Kopf,
damit Sie ihnen Einen aufsetzen.

Sassafras.

Für jetzt ist es mir unmöglich, irgend Jemanden
zu empfangen. Ich muß zu einem Consilium,
welches eben bei dem alten Grafen Hohenfels ge=
halten wird. Wenn die Leute draußen ein Stünd=
chen warten wollen, mag es sein. Ich denke, daß
ich nicht zu lange ausbleibe oder wenn du meinst,
so bestelle sie auf morgen her.   (ab.)

Casperl (allein).

So ist's recht. Geh'n S nur fort, Herr Doc=
tor. Jetzt hab ich Gelegenheit, wieder einmal

meine Praxis auszuüben. Ein dummer Kerl wird
sich schon finden, der mich für einen Doctor ansieht,
wenn ich ihm was weiß mach. Das ist ja ohne-
hin bisweilen Doctorenmanier und je mehr man
den Leuten vorlügt, für besto gscheiter halten's
Ein. (ruft zur Thüre hinaus) Heda! Guter Freund,
nur herein!

(Ein Bauer mit ungeheuer dickem Bauch.)

Bauer.

Da bin i schon, Rexcellenz Herr Doctor.

Casperl (spricht sehr hochdeutsch).

Nun was fehlt, juber Freund? Du hast ja
einen ungeheuern Bauch. Hast du vielleicht die
Wassersucht? oder die Biersucht?

Bauer.

Na', weder b' Wassersucht, noch b' Biersucht.
Ich hab halt schreckliche Schmerzen im Bauch, und
weiß net warum. Aber die vorig Wochen habn
wir Kirte ghabt und da hab i holt so nachanan-
der vierundzwanzig Knöbl aufm Kraut gessen. Ich
glaub, die liegn mir noch im Magen. Wenn Ein
Knöbl 'naus will, so möcht der Ander a 'naus
und so verstellt Einer dem Andern den Weg.
Jetzt's könnts Enk denken, Rexcellenz Doctor, was

das für a Metten in mein Bauch ist, wenn die
24 Knödl mitenand raufen. I mein, i muß z'
Grund gehn!

Casperl.

Wie kann aber ein Mensch so dumm sein,
vierundzwanzig unvorsichtige Knödel zu verspeisen?
Das ist ja eine Schwoineroi?

Bauer.

Ja, mir haben's halt gschmeckt und weil der
Knödl rund ist, hab i mir denkt, die kugeln leicht
wieder auffi. I bin halt a dummer Bauer, der
von die glehrten Sachen Nir versteht.

Casperl.

Das ist aber ein sehr kriterischer Fall. Das
Glück ist, daß du auch Sauerkraut dazu gegessen
hast, weil die Säure doch etwas auflösend wirkt;
sonst wärest du schon an einer Indischestion gestorben.

Bauer.

Was is denn das für eine Krankheit die In-
dischstion?

Casperl.

Das ist eine indische Krankheit. Da hilft
nichts als den Bauch aufzuschneiden.

Bauer.

Na' schneiden laß i mich net.

Casperl.

Dann mußt du sterben.

Bauer.

Auweh, auweh! — was kost's aber, wenn der Herr Excellenz Doctor mich kurirt hat.

Casperl.

Das kostet 30 fl. grabaus und 5 fl. Trinkgeld.

Bauer.

Das ist doch a bißl gar z'viel.

Casperl.

Wenn Er nicht will, so behalte er sein Geld im Sack und seine Knödel im Bauch.

Bauer.

O mein, o mein! I halt's net aus vor Schmer=zen! — Meintwegen schneidt's halt zu, wenn's net z' weh thut.

Casperl.

S' ist gleich vorbei. Ich muß nur mein In=strument holen. (ab)

Bauer (allein).

Was muß denn das für a Strument sein? eppa gar a Trumpeten zum Blasen! — Mir ist's recht! Jetzt bin i amol gfaßt und ergib mich in mein Schicksal.

(Casperl kommt mit einem großen Messer herein.)

Casperl.

So, setz Er sich auf diesen Stuhle — und ruhig gehalten.

Bauer.

Das ist ja a schrecklichs Messer? I halt's nit aus!

Casperl.

So? meint Er, daß für 24 Knödl ein kleines Federmesserl genug wär? Also, ruhig!

(Casperl schneidet ihm den Bauch auf. Der Bauer schreit ungeheuer und zappelt mit den Füßen.)

Casperl.

's schon vorbei! Da schau Er einmal!

Die Knödel springen aus dem Bauch und tanzen auf dem Boden herum.

Jetzt schnell das Pflaster drauf.

Bauer (aufseufzend).

Ah, ah! Jetzt ist mir ganz leicht!

Casperl.

Die Knödl kannst wieder mitnehmen für ein anderes Mal.

Bauer.

Na, na, dank schön! Die könnten mir schlecht

bekommen. Da habt's die 30 fl. und 5 fl. Trinkgeld.

Casperl.

Gut, nur her damit, und jetzt marsch hinaus.

Bauer.

I bedank mi halt schön.

Casperl.

Drei Tag nichts essen; trinken so viel Er will.

Bauer.

Das laß i mir gfalln! Ghorsamer Diener
Rexcellenz Doctor. (ab.)

Casperl (allein).

Das hab' ich wirklich nit schlecht gemacht. Ja,
Courasche ist die Hauptsach für ein' Doktor. Es
ist noch die Frag', ob das meinem Herrn ein-
gfall'n wär, der hätt' vermuthlich dem Bauer ein
kleines Abführungsmittel geben; aber so ist das
Ding viel schneller gangen und wenn der Kerl
stirbt, so ist er wenigstens net an die Knödl gstorben, sondern blos an der Kur. Das gschieht bei
die Doctores auch nit selten, daß sie dem Patienten die Krankheit vertreiben, aber daß er nachher
an die Mittel draufgeht, die s' ihm geben haben.

Sassafras (tritt ein).

Das Consilium ist vorbei. Mein Rath hat

wieder den Ausschlag gegeben; Mein Mittel wird helfen. (zu Casperl) Ist unterdessen nichts vorgefallen, Caspar?

Casperl.

Nein gar nir, gnädiger Herr!

Sassafras.

Ich werde nicht lange zu Hause bleiben kön= nen, weil ich zu Herrn von Steinreich gerufen wurde. Er soll an einem unheilbaren Uebel lei= den. — Was, unheilbar? Das wollen wir erst sehen, wenn ich komme! Caspar, wenn mich etwa irgend Jemand sprechen wollte, so kannst du mir es gleich melden.

Casperl.

Wie Sie befehlen. (ab.)

Sassafras (allein).

Von Stufe zu Stufe steige ich! Ich werde bald einen europäischen Ruf haben. Was sind all diese Stümper von Doctoren im Vergleiche zu mir? Wer hat einen Blick in die Tiefe der menschlichen Natur, wie ich? — Keiner! — Wer weiß das Uebel gleich richtig zu fassen, wie ich? Keiner von Allen! — Wer von ihnen kann seine Kraft messen mit jenen geheimen Gewalten, welche das Leben

der Menschheit befeinden? — Ich bin es! — Doch
es ist Zeit, zu Herrn von Steinreich zu gehen.　(ab.)

Der Tod (erscheint aus der Versenkung).

Tod.

Herr Doctor Sassafras! auch ich bin da!
Vergiß nicht ganz, daß ich dir immer nah'.
Denn bald wird mir zu arg dein kühnes Treiben,
Dein Ordiniren und Rezepteschreiben.
Bei meinen alten Knochen! 's ist zu viel!
Mit mir zu wagen solch' ein keckes Spiel.
Ich hab' ein altes Recht auf Jung und Alt,
Auf Groß und Klein und hol' was mir gefallt.
Du willst mir Einspruch thun, ha, ha! zum Lachen
Ist's! Alles muß ja doch in meinen Rachen
Und Alles mäh' ich mit der Sense nieder,
Und Alles wird zu Staub und Asche wieder.
Nun aber, weil bisher ich war so gütig,
Wird mir das Doctorlein gar übermüthig.
Jetzt will aus einem andern Ton ich geigen
Und wer der Herr ist dem Herrn Doctor zeigen.
Zuvor werd selbst ich Sassafras besuchen
Und gütlichen Vergleich mit ihm versuchen,
Geht er nicht auf den Vorschlag willig ein.
So muß er selbst bald meine Beute sein.

(verschwindet.)

Verwandlung.

Prachtvolles Gemach im Hause des Herrn von
Steinreich.

Steinreich, auf einem Armsessel sitzend. Vor ihm ein Tisch mit
vielen Papieren darauf. Neben ihm steht Sekretär Schreiber.

Steinreich.

Aber heute werden Sie wieder gar nicht fertig
mit Ihrem Vortrag und ich bin so leidend.

Schreiber.

Ich bedaure, Herr Baron; allein es liegt Ihnen
ja selbst daran, daß Ihre Geschäfte täglich Vor=
mittags erledigt werden. Hier ist noch die Ein=
gabe des armen Taglöhners mit Weib und sechs
Kindern; er bittet um Nachlaß der Schuld oder
Termin zur Rückzahlung.

Steinreich.

Ei was! er soll zahlen; die Auspfändung soll
ihren Lauf nehmen. Ich kann nicht Alles ver=
schenken. Soll ich selbst zum Bettelmann werden.
O weh! was leid ich wieder. Mein Herz, mein
Herz!

Schreiber.

Bedaure — aber bedenken, Herr Baron, der

Mann war ein halb Jahr krank und konnte sich nichts verdienen.

Steinreich.

Das ist nicht meine Schuld. Wenn ich nicht ein so gutes Herz hätte — o weh wie drückt's mich wieder! — so hätte ich ihn längst schon auspfänden lassen. Mein gutes Herz wird mich noch ganz und gar ruiniren.

Schreiber

(für sich) O du Heuchler! (zu Steinreich) Also wirklich Herr Baron?

Steinreich.

Es bleibt dabei. Apropos! Vergeßen Sie nicht, mir wieder 300 Flaschen Champagner zu bestellen von der Qualität, die ich neulich probirt habe.

Schreiber.

Ich habe bereits an das Haus Clicôt geschrieben. Hier ist noch ein kleines Gesuch der Wittwe Müller. Sie hat kein Bett mehr. Eine Lähmung der rechten Hand hindert sie zu nähen, so daß sie keinen Verdienst hat. Um Brod für ihre zwei Kinder zu kaufen, gab sie ihr Bett her und liegt nun auf dem Stroh. Sie bittet nur um ein paar Thaler. Ihre Noth ist groß.

Steinreich.

Was den Leuten nicht Alles einfällt! Ueberall soll ich helfen. Verschonen sie mich mit solchen zudringlichen Betteleien. Ein für allemal!

Schreiber.

Aber der Hunger thut weh!

Steinreich.

Man soll sich nach der Decke strecken und nicht mehr wollen, als man hat. Der Mensch soll sich überhaupt auf das Nothwendigste beschränken. — Apropos! Ich hoffe, daß die Gänseleberpastete aus Straßburg angekommen ist; ich freue mich schon lange darauf.

Schreiber.

Sie soll heute auf die Tafel kommen.

Steinreich.

Bravo! — Ich muß mich durch gute Nahrung stärken; mein Herzleiden wäre mir unerträglich. Dieß ist auch die Ansicht der Aerzte.

Schreiber.

Nun habe ich die Ehre mich zu empfehlen.

Steinreich.

Adieu! beinahe hätt' ich vergessen! Ist Doctor Sassafras bestellt, den ich noch consultiren will?

Schreiber.

Er wird diesen Vormittag seinen Besuch ab-
statten. (ab.)

Steinreich (vom Stuhl aufstehend.)

Was nützt aller Reichthum, wenn man nicht
gesund dabei ist? Alle Genüße des Lebens könnte
ich mir verschaffen; aber dieses Drücken da auf der
linken Seite. Es muß mir am Herzen fehlen.
Wenn's nur keine Verhärtung ist oder ein orga=
nischer Fehler! — Der berühmte Doctor Saffafras
wird gewiß ein Mittel finden, mich zu kuriren.
Ich will nichts sparen; mit Ducaten will ich seine
Rezepte bezahlen, wenn ich nur gesund werde. Ah,
meine Nichte!

Marie (tritt ein.)

Steinreich.

Mamfell Marie, ei guten Morgen.

Marie.

Guten Morgen, lieber Onkel.

Steinreich.

Wie steht's? noch immer die Grillen im Kopf?
Noch nicht zur Besinnung gekommen?

Marie.

Wenn Sie meine Ueberzeugung Grillen nennen,

Herr Onkel, so muß ich gestehen, daß noch keine
Aenderung — —

Steinreich.

Was Ueberzeugung? Einfältige Schwärmerei!
Was willst du mit diesem Schreiber? Er ist kein
Mann für dich.

Marie.

An dem Todbette der seligen Mutter haben
wir uns die Hände gereicht für immer. Unser
Bund ist durch den Segen der Sterbenden geheiligt.

Steinreich.

Und ich will nichts davon wissen; aber du
weißt schon längst, daß es meine Absicht ist, dich
an den Baron Goldberg zu verheirathen.

Marie.

Mein Herz ist mein freies Eigenthum. Es gehört Schreiber, dessen Werth Sie selbst so oft gerühmt und anerkannt haben.

Steinreich.

Ist dieß der Dank, daß ich dich, armes Mädchen, zu mir genommen habe? Der dummen Geschichte soll ein Ende gemacht werden. Schreiber
muß aus dem Hause, heute noch. Ich werde leicht
einen andern Sekretär finden.

Marie.

Ich werde Ihnen stets für alle mir erwiesenen Wohlthaten herzlich dankbar sein; allein damit ist gewiß nicht die Verpflichtung verbunden, mich zwingen zu laßen, daß ich Baron Goldberg heirathe.

Steinreich.

So magst du als alte Jungfer sterben. Fort von mir, auf dein Zimmer! — Ach! mein Herz, mein Herz! wie drückt's mich wieder!

(Ein Bedienter tritt ein.)

Bedienter.

Doctor Saſſafras.

Steinreich.

Gut, laß ihn herein. (Bedienter ab.) (Zu Marie) Fort, sag' ich! (Marie weinend ab.)

Saſſafras (tritt ein.)

Herr von Steinreich haben mich rufen laſſen?

Steinreich.

O, wie froh bin ich, daß Sie mich besuchen. Ich bin sehr leidend.

Saſſafras.

Es würde mir eine große Freude sein, wenn ich durch meine Kunst zur Linderung Ihres Zustandes Etwas beitragen könnte. Was fehlt Ihnen?

Steinreich.

Ich leide, glaube ich, am Herzen. Meine außerordentliche Gutherzigkeit hat mich ruinirt.

Saſſafras.

Will nicht hoffen; allein es ist kein Zweifel, daß physische Zustände von großen Einfluß auf den Körper sind. Die geistigen Qualitäten impregniren sich der Materie.

Steinreich.

Seh'n Sie, Herr Doctor, (auf die linke Seite die Hand legend) seh'n Sie, da thuts halt ungeheuer weh! Es ist mir oft als wenn ein harter Klumpen drin wär.

Saſſafras.

Können auch Congestionen sein. Erlauben Sie. (befühlt die Stelle) Ich finde keine Alteration des Herzschlages. (lauscht mit dem Ohr daran.) Ich finde wirklich gar nichts besonderes. Aeußerlich gar keine Verhärtung, kein Symptom, das bedenklich wäre. — Haben Sie Appetit?

Steinreich.

Das Essen ist das Einzige, das mir gut thut und meinen Zustand erleichtert.

Saſſafras.

Wie sieht's mit dem Schlaf aus?

Steinreich.

Vortrefflich; bisweilen aber fühl' ich auch bei
Nacht ein gewißes Drücken.

Sassafras.

Erlauben Sie, den Puls. (greift den Puls.) Son=
stige Functionen?

Steinreich.

Alles in Ordnung. Aber da drin, da drin — —

Sassafras.

Ich werde Sie einige Zeit beobachten müßen,
Herr von Steinreich. So ein Fall bedarf längerer
Aufmerksamkeit. Vor der Hand werde ich Ihnen
ein Recept aufschreiben. Vermeiden Sie jede Auf=
regung.

Steinreich.

Ach, aber mein gutes Herz läßt mir keine Ruhe!

Sassafras.

In ein paar Tagen werde ich mir die Freiheit
nehmen, wieder meinen Besuch abzustatten.

Steinreich.

Kommen Sie recht bald wieder. Rechnen Sie
auf meine Dankbarkeit. Adieu, adieu. Ich will
jetzt einen kleinen Spaziergang in meinem Garten
machen. (ab.)

2*

Saſſafras (allein.)

Vortrefflich — d e r iſt mein. Die Kundſchaf=
ten, die an der Einbildung leiden, waren mir ſtets
die liebſten. Ich kann ihn Jahre lang hinhalten,
geb' ihm unſchädliche Mittel, ſchicke ihn auf Reiſen
und in Bäder — u n d — er muß tüchtig blechen.
Ha, ha, ha! ſolche Patienten laß ich mir gefallen!
Die gehören für unſere Erholung und füllen den
Geldbeutel.

Nun wieder ein paar Häuſer weiter! Meine
Praxis wächst mir beinahe über den Kopf; glück=
lich bin ich im Kuriren, alſo läuft mir Alles zu
und wo die Kunſt nicht ausreicht, da hilft die
Schlauheit. Saſſafras, du wirſt unſterblich!
(will hinaus; der Tod in ſchwarzer Kleidung als Knochenmann tritt
ihm durch die Thüre entgegen.)

Tod.

Halt! Unſterblicher!

Saſſafras.

Mein Herr, was wollen Sie?

Tod.

Sie ſelbſt will ich, Herr Doctor, wenn auch
nicht jetzt, doch ſeiner Zeit jedenfalls!

Saſſafras.

Wen habe ich die Ehre? Warum treten Sie mir in den Weg?

Tod.

Ich habe mit Ihnen ein Wörtchen zu reden. Mein Name ist Knochenmayer.

Saſſafras.

Womit kann ich dienen? bedürfen Sie etwa meiner ärztlichen Hilfe? In der That, Ihr Aus= sehen spricht dafür.

Tod.

Bitte recht ſehr! Ich bin zwar klapperbürr und etwas blaſſer Physiognomie; allein ich erfreue mich doch der beſten Geſundheit und bin ſo alt wie die ganze Menſchheit.

Saſſafras.

Wie ſoll ich das verſtehen? Sprechen ſie deut= licher. Jedenfalls erſuche ich ſie, mich nicht um= ſonſt aufzuhalten; meine Geſchäfte — —

Tod (ihn unterbrechend.)

Haben keine Eile, wenn ich mit Ihnen zu reden habe.

Saſſafras.

Wie kommen ſie mir vor? (will hinaus)

Tod.

Halt! keinen Schritt weiter!

Saffafras.

Welche Kühnheit! — Ich bin Doctor Saffafras,
Respect vor mir!

Tod.

Und ich bin Doctor Knochenmayer, Respect vor
mir!

Saffafras.

Immerhin! ich kenne sie nicht.

Tod (mit fürchterlicher Stimme.)

So lerne mich kennen, Elender!

(Die Bühne verfinstert sich.)

Saffafras.

Weh mir! was ist dieß?

Tod.

Sieh dorthin und erkenne mich!

(Der Hintergrund hat sich mit schwarzen Wolken verhüllt, auf welchen in Flammenschrift zu lesen ist:)

CONTRA VIM MORTIS NON HERBULA
CRESCIT IN HORTIS.

(Zugleich hat der Tod sein Gewand abgeworfen und steht als
Gerippe da.)

Tod.

Der Mächtigste auf Erden steht vor dir!
Drum zitt're, der du dich bestrebst, zu lähmen

Die Allgewalt die unerbittlich herrscht.

Doch ich will gnädig sein: die Hälfte dir,
Die Hälfte mein! So magst du heilend wirken;
Wo nicht, so bist alsbald du mir verfallen,
Bedenk' es! deinen Entschluß kannst du sagen,
Wenn ich bei dir erscheine nach drei Tagen!

(Sassafras sinkt zusammen.)

Der Vorhang fällt.

II. Aufzug.

Nacht. Ein Kirchhof.

Der Todtengräber gräbt ein Grab. Saffafras tritt nach-
denkend ein.

Saffafras.

„Contra vim mortis non herbula crescit in
hortis." Wider den Tod kein Kräutlein gewach-
sen ist. Ich weiß es wohl. Aber dennoch! Er
nannte sich den Gewaltigsten auf Erden, weil ihm
Alles unterliegen muß; allein es gibt doch noch
einen Mächtigeren als ihn. Des Todes Gewalt
ist auf dieses Leben beschränkt. Der Satan greift
darüber hinaus; auch im Jenseits herrscht er, er
ist also mächtiger. Wie? wenn ich mich mit diesem verbände? Zwei Feinde der Menschheit. Den
Einen — den geringeren — bekämpfe ich; zu
dem Andern will ich mich jetzt halten. Meine
Seele will ich ihm verschreiben, dafür wird er mir
wohl seinen Beistand nicht versagen. Bei den
Gräbern haust er. Hier will ich ihn citiren.

(erblickt den Todtengräber.)

Heda, guter Freund!

Todtengräber.

Wer ruft mich?

Saſſafras.

Ich bin's. Du kennſt mich ja.

Todtengräber (kommt näher.)

Ach! Herr Doctor Saſſafras! freilich kenn' ich
Euch. Wie kommt ihr ſelbſt einmal hieher; ge=
wöhnlich ſchickt Ihr mir nur Eure Patienten heraus.

Saſſafras.

Das iſt eben kein Compliment, das du mir
machſt.

Todtengräber.

Nehmt's nicht übel. Ich habe freilich nicht die
rechten Manieren; allein bedenkt, daß ich haupt=
ſächlich mit ſtummen Leuten Umgang pflege, die
mir keine Antwort geben können, und denen ich
eben ſage, was mir gerade einfällt — wenn ich
denn doch bisweilen ſchwatzen möchte.

Saſſafras.

Glaub's wohl, alter Burſch, und hab dir's
auch nicht übel genommen. — Hör' aber, ich möchte
dich was fragen. Da haſt du ein paar Thaler;
aber ſag mir die Wahrheit.

Todtengräber.

Danke, danke — hätt' aber keines Trinkgeld's

beburft. Ich sag' immer die Wahrheit; hab's ja
allweil mit der allerlauterſten Wahrheit zu thun,
mit dem „Abſterbens-Amen." Da ſind Lug und
Trug zu Ende.

Saſſafras.

Es geht die Sage, daß es auf dieſem Kirchhof
nicht geheuer ſei. Haſt du jemals was bemerkt?
Man erzählt ſich, der böſe Feind ſelber laſſe ſich
bisweilen blicken.

Todtengräber.
(hält den Finger an den Mund.)

Laßt uns ſtill reden. Man ſoll's nicht wiſſen
und es ſoll nicht laut werden; — aber — aber
's iſt halt doch ſo und läßt ſich nicht leugnen.
Dort hinter der Kapelle, im zerfallenen Kreuzgang
iſt eine Gruft, heißt das Teufelsloch: Wer den
Muth hat — —

Saſſafras.
Findet dort, was er ſucht.

Todtengräber.

Ei wer wird aber auch den Teufel aufſuchen?
Den muß man meiden. Oft in ſtillen Nächten,
wenn ich ſchnell ein Grab zu ſchaffen habe, da hör'
ich's poltern und ächzen, und 's wiſcht bisweilen

Etwas über die Gräber hin; aber ich laß gewähren, kehr' mich nicht dran und bet' mein Vaterunser.

Saſſafras.

Ich habe Grund der Sache nachzugehen.

Todtengräber.

Mag sein; solch gelehrten Herren, deren Ihr
Einer seid, mag's belieben, geheimen Dingen nach-
zuforschen.

Saſſafras.

Man muß solchen Räthseln auf den Grund zu
kommen suchen.

Todtengräber.

Immerhin. Wünsch guten Appetit zur Lösung.
Ich meinerseits verlang nicht darnach und 's wan-
delt mich keine Neugier an.

Saſſafras.

Hast recht, deinerseits.

(Die Thurmuhr schlägt eilf.)

Da schlägt's 11 Uhr. Meinst du, ich könnte
was entdecken.

Todtengräber.

Der Teufel ist alle Nacht los — mehr oder
minder. Versucht's; aber wahrt Euch wohl, damit Eure Seele nicht Schaden leide.

Saffafras.

Ich fürchte Nichts. Der Teufel hat noch Keinen bei lebendigem Leib gepackt. Nur mit der Seele hat er's zu thun.   (ab.)

Todtengräber.

Das ist noch die Frage, lieber Herr — oho, er ist schon fort! Die Doctoren sind doch kuriose Leute, und den Doctor Faust hat ja doch der Satan geholt, wie ich gehört! — Man soll nicht freveln; man soll dem bösen Feind aus dem Weg gehen und soll ein guter Christ sein!

Was geht's mich an? — Das Grab dort muß am frühesten Morgen fertig sein. Also frisch an die Arbeit, damit ich noch ein paar Stündlein schlafen kann!

(gräbt wieder fort und singt)

Was kümmert mich die ganze Welt,
Ich laß den Leuten Ehr und Geld;
'S ist Alles nur ein eitler Schein,
Ein Jeder muß in's Grab hinein.

Auf diesem meinem Gartenfeld,
Ist Jedem wohl sein Grab bestellt:
Alt oder Jung, Arm oder Reich —
Hier liegen sie beisammen gleich.

Ob König oder Bettelmann —
Im Leben Keiner bleiben kann,
Zu Jedem kömmt die Todtenpost
Und Alle werden Würmer=Kost.

Bedächten sie's zu rechter Zeit,
So gäb's wohl minder Haß und Streit;
Denn hier hört alle Zwietracht auf,
Wenn sie da ruhen allzuhauf.

Wer weiß, wie lang ich's hier noch treib,
Bis selber fällt in's Grab mein Leib;
Und muß ich endlich auch hinein,
Sei gnädig, Gott, der Seele mein.

So, die Arbeit ist gescheh'n; jetzt darf ich ruhen.
Also gut Nacht, ihr da drunten. Ruht sanft bis
ihr aufersteh'n müßt! Ich sollte wohl auf den
Herrn Doctor warten; das wäre schicklich, aber ich
mag nicht. In dieß sein Geschäft will ich mich
nicht mischen. Gott schütz' ihn und mög' ihm seine
Neugier nicht anrechnen! Kuriose Leute, die ge=
lehrten Herren! Ei, Ei!   (geht ab.)
(Der Teufel tritt ein. Ihm folgt Doctor Saffafras.)

Saffafras.

Steh einmal! höllischer Geist! O sa miha
aseffonila!

Teufel.

Warum haſt du mich gerufen? Was willſt du?

Saſſafras.

Warum fliehſt du mich? Elesiamini, clesiamini!

Teufel.

Du haſt Gewalt über mich, aber 's iſt bald Mitternacht. Wenn der Tag anbricht, muß ich fort.

Saſſafras.

Aha, du fürchteſt das Licht.

Teufel.

Mein Element iſt die Nacht. Alſo ſchnell, zur Sache: was begehrſt du?

Saſſafras.

Ich ſuche deine Hülfe gegen den Tod, der mein Wirken beſchränken will und mir mit ſich ſelbſt bedroht.

Teufel.

Wie? ich ſollte gegen meinen beſten Freund zu Feld zieh'n? Den Tod laß ich immer gewähren, je mehr deſto beſſer; denn er liefert mir meine Beute.

Saſſafras.

Ich verlange deinen Beiſtand nicht umſonſt. Ich verſchreibe dir meine Seele, wenn du mir ein

Mittel gibst, den Tod nur auf einige Zeit festzu=
halten. Mittlerweile erreiche ich meinen Zweck, be=
rühmt und reich zu werden.

Teufel (lacht).

Das wäre wohl ein höllischer Spaß, wenn ich
einmal meinem Cameraden einen Possen spielte;
und du willst mir deine Seele überlassen? Was
ist sie werth?

Saffafras.

Immer so viel, daß du einen guten Braten
daran hättest. Vielleicht mehr als ein Dutzend An=
derer; denn ich verkaufe dir eine tüchtige Portion
Seligkeit.

Teufel.

So sei's denn! Diesen Morgen noch findest du
auf deinem Studiertische unsern Vertrag. Unter=
schreib' ihn mit deinem Blute und er wird dann
von meinem Boten abgeholt werden.   (versinkt)

Saffafras.

Ich hab's gewagt! — werd' ich's nicht be=
reuen? jacta est alea!   (stürzt ab.)

Verwandlung.

Heller Tag. Zimmer bei Herrn von Steinreich.
(wie im ersten Aufzuge.)

Steinreich.
(krank und erschöpft.)

Wie fühl ich mich doch verlassen! den Sekretär
Schreiber hab' ich aus dem Hause gestoßen; meine
Marie sehe ich kaum. Sie schließt sich aus Kum=
mer fortwährend in ihr Zimmer ein. Was hab'
ich an den Schmarotzern und Tafelfreunden? —
Macht denn das Geld allein wirklich nicht glück=
lich? Und dabei noch dieses fürchterliche Leiden am
Herzen! Es ist nicht zum Aushalten! dieses Drü=
cken ist peinigend. Meine Kräfte nehmen zusehends
ab. Sollte ich etwa gar sterben müßen? Furcht=
bare Angst! Mein Gott! ich bin wirklich verlassen
und allein! Ich will etwas in der Bibel lesen;
vielleicht finde ich Trost.
(geht an den Tisch und schlägt ein Buch auf.)
(liest:) „Wer nicht lieb hat, der kennet Gott nicht;
denn Gott ist die Liebe." — Evangelium Johannes.
Die Liebe? — liebe ich denn nicht? lieb' ich mich
nicht selbst? (blättert) „das ist mein Gebot, daß ihr

euch unter einander liebet, gleichwie ich euch liebe," (bedeckt sich das Gesicht mit den Händen, blättert und liest weiter:) „Sehet zu und hütet euch vor dem Geize!" — Weh mir — (mit der Hand an dem Herzen) weh mir! wie sticht's, wie drückt's da drinnen! — wer tröstet mich? wer hilft mir? ich bin verlassen! (weint). Ich habe lange nicht geweint. Diese Thränen erleichtern mich. Ich fühle Etwas in mir, das meine Schmerzen mildert. Solch' ein Gefühl, wie jemals ich kaum empfunden! Es wird mir so weich um's Herz! (schellt an einer Glocke) Ich war wohl zu hart mit Marie'n! Sie soll kommen. (Bedienter tritt ein.) Marie möge zu mir kommen; sag' ihr, ich habe ihr Etwas Wichtiges mitzutheilen. (Bedienter ab.) Aber was soll ich ihr sagen? Ich habe ein gewisses Verlangen, das mir noch unerklärlich ist. Ist's der Tod, den ich fürchte, daß ich nach einer Hand begehre, mich am Leben festzuhalten?

(Maria tritt ein.)

Marie.

Sie haben befohlen, Herr Onkel?

Steinreich.

O nicht befohlen; ich habe dich ersuchen lassen, zu mir zu kommen.

3

Marie.

Was soll ich Unglückliche bei Ihnen? Thränen werden Sie nicht erheitern in Ihrer Krankheit.

Steinreich.

Komm näher, Marie! (ergreift ihre Hand.)

Marie.

Ihre Hand ist so warm! — Sie war immer so kalt.

Steinreich.

Ich werde vielleicht nicht lange mehr leben! Mein Leiden am Herzen wird mich tödten.

Marie.

Gott möge es verhüten!

Steinreich.

Und du sagst dieß? Ich muß dir ja verhaßt sein, da ich den Schreiber verstoßen habe.

Marie.

Er war in Ihren Diensten. Sie hatten die Macht ihn wieder aus diesen zu entlassen.

Steinreich.

Die Macht — nicht auch das Recht?

Marie.

Darüber mag Ihr Gewissen entscheiden.

Steinreich.

Mein Gewissen sagt mir: „Du hattest Unrecht!"

Marie.

Ich kann, ich will nicht urtheilen. Laſſen Sie mir meinen Schmerz. (will geh'n.)

Steinreich (hält ſie zurück.)

Marie! Seit ich Schreiber fortgeſchickt, seit du dich mir entziehſt — weiß ich, was der Schmerz iſt. Was nützen mich meine Geldſäcke? Sie ge= währen mir keinen Troſt! und du — meiner ei= genen Schweſter Kind — du, mein Troſt — du haßeſt mich?

Marie.

O gewiß nicht, beſter Onkel. Ich habe Sie ſtets geliebt als meinen Onkel, meinen Wohlthäter! Ich werde nie vergeſſen, was ich Ihnen zu danken habe.

Steinreich.

O wie wohl thut mir dieß! Es iſt als ob eine harte Kruſte von meinem Herzen fiele! Meine Schmerzen ſchwinden! Ich fühle mich geſund.

Marie.

O geben Sie dieſem Gefühle Raum, lieber Onkel! (kniet vor ihn und küßt weinend seine Hände) Ein liebend Kind, kniet vor Ihnen! Was iſt der Menſch ohne Liebe?

3*

Steinreich.

Ja, in der That! das ist ein wahres Wort! —
Komm an mein Herz! Alles soll gut werden.

(umarmt sie.)

Marie.

Theurer, bester Onkel!

Steinreich.

Ich bedarf keines Doctors mehr! — Ich bin
ja gesund. Der Druck, das Stechen am Herzen
ist verschwunden! Wie froh, wie vergnügt bin ich!
— — Schnell, Marie, schicke zu Schreiber, er soll
augenblicklich herkommen! Er soll dein Mann wer=
den! den Armen will ich geben! Ich habe ja kein
Herzleiden mehr! — Komm mein Kind! laß uns
zusammen in den Garten gehen. Die frische Luft
wird mich vollends stärken. — Ja ich will lieben,
ich muß lieben! Wie konnte ich bisher so verblen=
det sein? Dank dem Himmel, daß er mir die Au=
gen geöffnet und mein Herz erweicht hat. Es ist
als ob ein harter Stein darinnen gelegen wäre.
Geschmolzen ist er nun wie ein Eisklumpen, der
zerfloß. Komm mein Kind! wir wollen deine Ver=
bindung mit Schreiber besprechen und unverzüglich
soll er dich aus meiner Hand als Gatte empfan=

gen und ihr beide sollt meinen Reichthum mit mir
theilen.

Marie.

O wie glücklich könnte ich werden! allein
Schreiber ist entfloh'n; er hat mir einen Abschieds=
brief zurückgelassen, aus welchem nur Verzweiflung
spricht.

Steinreich.

Ich will Alles aufbieten, daß man ihn finde.

(beide ab.)

Verwandlung.

Zimmer des Doctor Sassafras.

(Casperl tritt ein.)

Casperl.

Mein Herr muß einen schweren Patienten zu
tractiren haben; denn er ist die ganze Nacht aus=
blieben. Hätt' ich das voraus gewußt, so hätt'
ich mich auch im Wirthshaus ein bißl länger un=
terhalten und aufgehalten und die Polizeistund nit
so gewißenhaft eingehalten. Oho! jetzt wär ich
bald aus dem „halten" nimmer 'rauskommen.

Ja, meine Gewissenhaftigkeit ist aber schon

musterhaft. Ich bin so gewissenhaft, daß ich nicht
einen Tropfen im Krug lassen kann; so pünktlich,
daß ich nicht einen Wurstzipfel auf'm Teller liegen
laß; so genau, daß ich nicht einen Kreuzer im
Sack behalten kann; so dienstfertig, daß ich mit meinem Dienst und mit meiner Arbeit schon fertig bin,
eh' ich damit angfangen hab, das heißt: Ich thu'
lieber gleich gar nir! Kurz — ich bin das Muster
eines menschlichen Exemplar's. Der erste Mensch
Adam war Nichts im Vergleich zu mir, seinem
Nachkommen! und der muß, doch das Muster aller
Menschen gewesen sein, weil er der erste war. Er
hat in einen süßen Apfel gebißen; aber ich muß
gar oft in einen sauern beißen; seine Evakathl
hat ihm die Frucht gereicht; aber meine Evakathl
such' ich noch. Wenn ich einmal fünfundzwanzig
Jahr treu gedient hab — so sagt mein Herr —
nachher laßt er mich auch heirathen. Bis dahin
bleib ich ledig! 'S ist freilich a bißl lang hin;
allein der Mensch muß Geduld haben! — Aha! da
kommt er.

Saſſafras (tritt ein.)

Casperl.

Guten Morgen, guten Morgen! — Ja wo

waren wir denn die Nacht über? Hab'n S' wieder
Einen hinausburirt aus dem irdischen Jammerthal?

Saſſafras.

Schweig Narr! Laß mich allein!

Casperl.

Kein Fruhstuck? keinen Caffé?

Saſſafras.

Fort, aus dem Zimmer! Ich habe zu ſtudieren.

Casperl.

(für ſich) Auweh! ſteht ein Gewitter am Himmel
in aller fruh. (zu Saſſafras.) Ich geh' ſchon.   (ab.)
(Saſſafras eilt auf ſein Schreibpult hin, von welchem er ein Blatt
Papier nimmt.)

Saſſafras.

Der Teufel hat dießmal nicht gelogen. Hier iſt
der Vertrag. Woll'n ſehen, wie er lautet.   (lieſt.)
„Ich Doctor Chriſtophorus Saſſafras, ver=
„ſchreibe meine Seele dem hölliſchen Feinde, dem
Könige des Reiches der Nacht und des ewigen
Jammers" — des ewigen Jammers, das iſt wohl
Viel! allein dieſe Ewigkeit kann eine relative ſein,
keine abſolute; alſo weiter: „dafür empfange ich
„von beſagtem hölliſchen Feinde die Gewalt, den
„Tod in Banden zu halten, ſo lange es mir ge=

„fällig ist." Gut, aber wer bürgt mir, daß ich diese Macht wirklich habe?

(Es donnert, aus der Versenkung erscheint ein Armseſſel. Eine Stimme ruft:)

Wer sich auf diesen Stuhl setzt, bleibt so lange gebannt, bis du ihn wieder entlassen willst.

Saſſafras.

Und der Tod wird sich also fangen lassen?

Stimme.

Er wird es.

Saſſafras.

Wenn nicht, so gilt auch der Vertrag nicht.

Stimme.

Unterschreibe!

Saſſafras.

Auf die Gefahr hin kann ich's. — So, ich ritze mir die Hand mit dem Messer. Ein Tropfen Blut genügt, daß ich meinen Namen schreibe.

(schreibt. Donner. Zugleich fliegt ein Rabe zum Fenster herein und entführt das Blatt.

Casperl (tritt gleich darauf ein.)

Casperl.

Herr Doctor! da draußen steht ein schwarzer Herr und möcht seine Aufwartung machen.

Saſſafras.

Sein Name?

Casperl.

Er hat gsagt, daß er Doctor Knochenmayer heißt. No! der sieht aber aus! wie's leibhaftige Elend!

Saffafras.

Der ist mein Mann! laß ihn sogleich herein.

(Casperl ab)

Saffafras.

Schlag auf Schlag! des Teufels Maschinerie ist gut.

(Tod als Knochenmayer tritt ein.)

Tod.

Hier bin ich.

Saffafras.

O, ich bin ungemein erfreut über Ihre Pünkt=lichkeit, Herr Knochenmayer.

Tod.

Hast du es überlegt? Halbpart! die Eine Hälfte der Kranken dein, die Andere mein; oder du selbst gehörst mein.

Saffafras (mit Verstellung.)

Obschon meiner Praxis und meinem Rufe als Arzt großer Eintrag geschieht, bleibt mir Nichts, als einzuwilligen, da ich selbst so bald nicht deine

Beute werden möchte. Wollen wir das Geschäft auch zu Papier bringen?

Tod.

Es wäre nicht übel; denn es ist immer besser, so Etwas schwarz auf weiß zu haben.

Saffafras.

Ja, schwarz auf weiß! dieß ist ohnedieß deine Wappenfarbe auf Särgen und Todtenfahnen. — Nimm auf diesem Stuhle dort Platz; einstweilen schreibe ich.

Tod.

Es thut wirklich meinen alten Knochen wohl, wenn sie bisweilen ein bischen ausruhen können.

(setzt sich in den Stuhl.)

Saffafras.

So, Freundchen! jetzt bleibe sitzen, bis es mir gefällig sein wird, dich wieder los zu lassen.

Tod.

Wie? was soll das heißen? (will aufstehen) Ich kann nicht aus dem Stuhle? Welch ein abge= schmackter Scherz!

Saffafras.

Kein Scherz, sondern voller Ernst. Die Mensch= heit wird nun für einige Zeit von dir befreit sein und Doctor Saffafras wird seine Triumphe feiern; denn er hat den Tod gebunden.

Tod.

(versucht wieder aufzustehen, rüttelt gewaltig am Stuhle.)

Verflucht! Mich zu binden? Mich zu bannen? Das hat noch Niemand gewagt! Wer gab dir diese Macht, Elender?

Sassafras.

Gleichgültig wer! Es ist einmal so: du bist und bleibst mein Gefangener.

Tod.

Weh dir, wenn ich wieder in Freiheit bin! Das ewige Gesetz der Natur kann nicht untergehen.

Sassafras.

Der Tod ist nicht von Ewigkeit her; denn auch die Sünde ist es nicht und Ein Mal kommt der Tag, an welchem du selbst des Todes sein wirst!

Der Vorhang fällt.

III. Aufzug.

Kirchhof. (Wie im zweiten Aufzug.)
(Todtengräber sitzt auf einem Grab.)

Todtengräber.

Jetzt möcht' ich wissen, zu was ich noch auf
der Welt bin? Seit vier Wochen stirbt kein Mensch
mehr in der ganzen Gegend. Es ist schier zum
verhungern für mich, seit Alles zum Doctor Saffa=
fras lauft, der Alles kurirt. Nicht einmal die alten
Leute sterben; auch ihnen gibt er Mittel, die sie —
sollt' man glauben — wieder jung machen. Ich
werde mir aber auch von ihm ein Recept ver=
schreiben lassen gegen Hunger und Noth. Wenn
er die zwei Krankheiten des Menschengeschlechtes
kuriren kann, dann hab' ich allen Respect vor sei=
ner Kunst! — Wie? sollt er etwa gar damals,
als er sich hier nach dem bösen Feind erkundigt
hat, mit ihm einen Pact geschlossen haben? Ei,
Firlefanz! das geht nicht. An solche Geschichten
glaub ich nicht. Die Zeiten vom Doctor Faust,
die sind längst vorbei; die Leute sind gar gescheidt

worden und der Teufel hat sie ohnedieß in seinen
Klauen. Ei, wer verirrt sich denn da wieder ein=
mal hieher?

Schreiber
(tritt verzweifelt auf, ohne den Tobtengräber zu erblicken.)

Weh mir! wo find' ich Trost, wo find' ich
Ruhe? Nur im Grabe. Was bleibt mir Anderes
als der Tod? Mein einziges Lebensglück wurde
mir entrißen; meine Marie soll ich nie besitzen!
Die Verzweiflung zerrüttet mein Inneres! Ich will
meinem Leben ein Ende machen.

(zieht eine Pistole hervor.)

Todtengräber.
(für sich) Oho! das wär doch zu arg. So etwas
kann selbst der Todtengräber nicht zulaffen.

(tritt vor und greift nach der Pistole.)

Halt, guter Freund!

Schreiber.
Wer wagt's, meinen freien Willen zu hindern?

Todtengräber.
Ich bin so frei. Ich hab das Recht nach eu=
rem Todtenschein zu fragen; denn ich bin der
Todtengräber.

Schreiber.
Lies in meinem Herzen, da steht er geschrieben.

Todtengräber.

Die Schrift zu lesen hab' ich in der Schule nicht gelernt; aber wo anders steht geschrieben: „Du sollst nicht tödten."

Schreiber.

Mein Leben ist mein Eigenthum; ich kann darüber verfügen.

Todtengräber.

Nein, mein Herr! Ihr habt euer Leben weder gekauft noch eingetauscht. Es gehört dem lieben Herrgott, der's euch anvertraut hat als ein heilig Amt.

Schreiber.

's ist zum Lachen! der Todtengräber hält mir eine Predigt zu seinem eigenen Nachtheil.

Todtengräber.

Der Todtengräber hat ein bisl gesunde Vernunft und glaubt an unsern Herrgott!

Schreiber.

Der hat mich verlassen!

Todtengräber.

Ei? und wißt Ihr das so gewiß?

Schreiber.

Mein einziges Glück hat er mir geraubt! hinausgestoßen bin ich aus dem Leben.

Todtengräber.

Das müßt ihr mir näher expliciren. Unser Herrgott stößt keinen Menschen aus dem Leben hinaus so mir nichts dir nichts! — Kommt — nehmt Vernunft an! Glaubt dem Todtengräber, der nur mit dem Tode zu thun hat. Aus den starren Gesichtern der Menschen, die ich da eingrabe, habe ich schon viel gelesen und hab gar Manches gelernt, wenn ich auch ein schlichter alter Mann bin, der nicht studirt hat. Kommt mit mir, ich bitt euch!

Schreiber.

Ich bin verlassen, ich bin unglücklich! Du wolltest mich retten?

Todtengräber.

Wenn Einer in's Wasser gefallen, kann er sich an einem schwachen Brettlein halten.

Schreiber.

Wahrhaftig! du hast mir meine Besinnung wieder gegeben! Es ist wahr: der Mensch soll nie verzweifeln.

Todtengräber.

Aha! kömmt die Vernunft wieder? Ihr hattet sie zu Haus gelassen. Geht mit mir in meine armselige Hütte. Wartet ein bischen ab, was der liebe Herrgott mit euch vor hat.

Schreiber.

Ich will dir folgen. (beide ab.)

Der Teufel
(erscheint aus der Tiefe.)

Verfluchter Pact mit dem Doctor! Die Lust
seine Seele zu gewinnen, hat mich übertölpelt und
ich habe nicht bedacht, daß wenn der Tod gebun=
den, er mir keine Seelen mehr liefern kann. Ver=
maledeiter Contract! Ich muß ihn brechen — lieber
laß ich den Doctor laufen. Er gehört doch mir;
denn sein Hochmuth und seine Geldgier führen ihn
der Hölle zu, ohne daß er daran denkt. Zwar ein
bißchen später; aber was thuts? Uebrigens kann
ich ja dem Tod für seine Befreiung die Bedingniß
setzen, daß er mir den Herrn Doctor bald zuführt
und ihm bei Gelegenheit den Kragen umdreht.
Auch der Bursch da, der gerade mit dem Todten=
gräber verhandelt, hätte sich ohneweiters erschossen
und wäre mir schnurgerade in den Rachen gelau=
fen, säß der Tod nicht ohnmächtig in dem ver=
dammten Lehnsessel, den ich erfunden habe. Bei
den höllischen Flammen! So geht's nimmermehr.
Ich laß den Tod wieder los. (versinkt.)

Verwandlung.

Zimmer des Doctor Sassafras.

Casperl (tritt ein).

Schlipperment! in dem Haus bleib ich nimmer.
Seit der klapperdürre Kerl bei uns logirt, ist's
nimmer zum aushalten. Wo den mein Herr auf=
gegabelt hat, das weiß der Gucuck. Vermuthlich
ist's ein vornehmer Patient, den er in der Kur hat.
Ich glaub der Kerl ist ein Narr, weil'n der Doctor
gar nit aus dem Sessel raus laßt. Da klappert
er aber und rasselt, daß Alles kracht im ganzen
Haus. Ich darf gar nit in's Zimmerl nein, wo
er logirt, und aushungern muß'n der Doctor auch;
denn ich hab noch kein' Bißen Essen zu ihm hin=
eintragen. Nicht einmal eine Fleischbrüh darf ihm
die Köchin geben. So was hab ich noch nit er=
lebt. Und mit mein' Herrn ist's auch vorbei, seit
er so berühmt geworden, weil er alle Leut kurirt
und wenn s' schon halbtodt sind. Er reißt s' raus,
daß s' wieder kerngsund werd'n. Den macht noch
der Hochmuth zum Narren. (Es erhebt sich ein Sturm.)
Oho! das auch noch! Die Gwitter kann ich so nit
leiden; denn das Einschlagen fürcht' ich ungeheuer.

4

(Donner und Blitz.) Hui! ist das wieder eine Metten.
Ich werd gleich in's Bett schliefen und unter die
Bettbecken. (es wird ganz dunkel) Auweh, auweh! Wenn
nur der Herr Doctor z'Haus wär! Auweh, auweh!

(läuft fort.)

Saſſafras.

(ſtürzt herein, einen Leuchter mit brennendem Licht in der Hand).

Was für ein furchtbares Gewitter! Es ist als
ob alle Teufel los wären. Eine Höllenangst er=
greift mich und ich weiß nicht warum? Bin ich
ein Kind geworden? Ich habe doch vor dem Teufel
in Person nicht gezittert. Ich höre Geisterstimmen,
die mein Inneres durchschauern (ſinkt in die Kniee).

(Im Hintergrunde werden verschiedene Erscheinungen ſichtbar. Geister=
hafte Geſtalten, welche ſich auf den Tod und die Vergänglichkeit beziehen.)

Geiſterchor.

Gelöst ſind die Banden, er ist wieder frei,
Da eilen geschäftig die Diener herbei:
Die Uebel der Menschheit: die Sünden, der Krieg,
Die Pest und wer ſonſt ihm geholfen zum Sieg.

Er greift nach der Senſe und mäht immer fort,
Durchwandert die Erde, vergißt keinen Ort;
Und wo er erscheinet, da schwindet das Licht;
Er herrscht auf der Welt bis zum letzten Gericht.

(Die Erscheinungen verschwinden.)

Der Tod
(mit Senfe und Sanduhr tritt ein.)

Saffafras
(liegt besinnungslos auf dem Beten.)

Tod.

Erwache aus deiner Ohnmacht, Ohnmächtiger! In deiner Thorheit wähntest du, ein Bündniß könne Bestand haben, das mit der Weltordnung im Widerspruch steht! Du elender Wurm hast es gewagt, diesem Weltgesetze Trotz zu bieten, dem auch der Satan mit all seiner höllischen Macht Nichts anhaben kann. Ich bin der Vermittler des Menschengeschlechtes, daß es eingehen könne aus irdischer Vergänglichkeit in das unvergängliche Leben — in die Ewigkeit.

Saffafras
(der sich allmählich wieder aufgerichtet hat.)

Ohne Tod kein Leben! Ich wußte es; allein der Stolz hat mich verblendet, der Eigennutz hat mich irregeführt!

Tod.

Nun heißt es: Arzt heil dich selber!

Saffafras.

Contra vim mortis non herbula crescit in hortis. Auch ich bin dir verfallen.

Tod.

So! ist's — der Satan selbst hat euren Con-

4*

tract zerrissen; denn er war nicht im Stande sein Wort zu halten.

Sassafras.

Also wäre ich gerettet?

Tod.

Der Ewige, Allbarmherzige wird richten!

Sassafras.

So führe mich vor seinen Richterstuhl! Auf dieses Leben verzichte ich!

Tod.

Es sei!

(Umfaßt den Doctor und versinkt mit ihm.)

Verwandlung.

Garten.

Bedienter bei Steinreich (tritt hastig ein.)

Bedienter.

Wenn die Welt nicht bald untergeht, so will ich nicht Peter heißen; da ich aber wirklich Peter getauft bin, so muß die Welt untergehn und warum muß sie untergeh'n? weil Dinge geschehen

und Ereignisse vorfallen, welche auch dem außer-
ordentlichsten Verstande, wie z. B. dem meinigen,
gebieten, still zu stehen oder vielmehr, weil ein
vernünftiger Mann, wie der alte Socrates, wenn
ich nicht irre, zu sagen pflegte, sagen muß: „Nun
„stehen die Ochsen am Berge." Warum stehen
aber die Ochsen am Berge? — — weil sie nicht
hinauf- und hinüberkönnen. Im vorliegenden Falle
des bevorstehenden Weltunterganges steht aber mein
Verstand still, weil er die Umwandlungen und Ver-
wandlungen, welche in diesem Hause vorgegan-
gen sind, nicht begreifen kann, ohne daß ich etwa
dabei meiner Begriffscapacität zu nahe treten und
meine Bescheidenheit unterschätzen wollte. Erstens:
Ist mein Herr, vormals ein harter Mann, in einen
weichherzigen Wohlthäter verwandelt worden! o
Mirakel! Zweitens: Ist Fräulein Marie, welche
seit einiger Zeit in Schmerz und Thränen zerflossen,
ja beinah aufgelöst war, seit ein paar Tagen wie
umgewandelt und einer Blume sozusagen, zu ver-
gleichen, die halbverwelkt den Kopf hing und durch
einen Sommerregen erfrischt, von Neuem aufblüht;
drittens — und dieses ist nicht minder außer-
ordentlich verwunderlich — hat der Todtengräber

— ich sage der Todtengräber — einen Brief ge=
bracht, worüber Herr von Steinreich und Fräulein
Marie in einen solchen Freudenjubel gerathen sind,
daß — —

Steinreich, Marie'n und Schreiber an der Hand führend.

Steinreich.

Gott sei gedankt! Er hat Alles zum Guten
gelenkt!

Marie.

Wie er immer zu thun pflegt, wenn es die
Menschen auch nicht einsehen wollen.

Schreiber.

Ich bin beinah verwirrt über die Umgestaltung
meines Schicksals! Meine Marie!

Steinreich.

Ja, bester Schreiber, Marie wird Ihre Frau
und ihr beide seid meine lieben Kinder.

Schreiber.

Ihrer Güte, Herr von Steinreich, weiß ich nicht
dankbar genug zu sein.

Steinreich.

Ihr Dank soll in der aufrichtigen Reue be=
stehen, daß Sie sich so weit vergessen konnten — —

Schreiber.

Meinem Leben selbst ein Ende machen zu wollen!

Marie.

Still davon! Diese Erinnerung sei begraben auf immer.

Steinreich.

Ja begraben und vergessen! — Allein des Todtengräbers wollen wir nicht vergessen, dem wir die glückliche Lösung zu danken haben.

Marie.

Er war das Werkzeug der göttlichen Vorsehung.

Steinreich.

Und nun laßt uns Alles zu Eurer Vermähl=ung vorbereiten; denn im Laufe dieser Woche noch soll sie Statt finden und, wenn Ihr wollt, so lade ich auch den Herrn Doctor Sassafras zum Hochzeitsschmause.

Bedienter.

Die Einladung kann ich nicht besorgen. Denn der Doctor ist vom Schlag getroffen worden und seligen Endes verblichen!

Steinreich.

Fürwahr! Da heißt es: Auch die Aerzte müssen sterben und „wider den Tod kein Kräutlein gewach=sen ist". — Kommt, Kinder, laßt uns zu Tische gehen!

Der Vorhang fällt.

Der

Weihnachts-Brief.

Kleines Drama.

Der
Weihnachts-Brief.

Kleines Drama.

Perſonen.

Frau Werner, eine Wittwe.
Ludwig, ihr kleiner Sohn.
Friedrich Walter.

Aermliche Stube.

Frau Werner (ſitzt an einem Tiſche und näht.) Ludwig
(lieſt neben ihr in einem Buch.)

Ludwig

(das Buch zuſchlagend.)

Mutter, aber das Buch hab' ich jetzt ſchon drei
Mal geleſen und jetzt bin ich wieder damit zu End!
Die Geſchichte von den „Oſtereiern" iſt wohl recht
hübſch, — aber ich weiß ſie beinah' auswendig!
Liebe Mutter, ich möchte 'mal Anderes zu leſen
haben.

Frau Werner.

Ei, etwas Schönes kann man nicht oft genug
leſen und man lernt immer was aus ſolchen Büchern.
Ihr Kinder wollt' alle Tage was Neues und ſeid
wirklich wie die Flattervöglein oder Schmetterlinge;
die ſetzen ſich auf alle Blumen und haben ſie an
einer genippt, ſo geht's gleich wieder fort und fort.
Du weißt ja das Sprüchlein davon.

Ludwig.

Weiß 's wohl noch.

Frau Werner.

So sag' mir's auf!

Ludwig.

Ei, die bunten Schmetterlinge
Sind doch rechte Flatterdinge;
Weil von einer Blum' zur andern
Flücht'gen Sinnes sie stets wandern,
Schweben mit den Schimmerflügeln
In den Wäldern, auf den Hügeln,
Hier und dort wohl niedersinkend,
Aus den Blumenkelchen trinkend,
Nirgend aber lange weilen
Sie, um wieder hin zu eilen
Ueber Gärten, über Felder,
Durch die Auen, durch die Wälder — —

Frau Werner.

Nun — weiter! Aha, bei den letzten Verslein
hinkt's.

Ludwig.

Nein, Mutter, 's hinkt nicht, ich muß mich
nur besinnen — —
Durch die Auen, durch die Wälder —
Also machen's auch die Buben,
Die da laufen aus den Stuben,

Und nicht stille halten wollen,

Wenn sie Etwas lernen sollen,

Neues immer möchten haschen,

Wie die Schmetterlinge naschen.

Aber Mutter, das kannst du von mir nicht sagen, weil ich die Ostereier zum vierten Male nicht mehr lesen mag.

Frau Werner.

Das thu' ich auch nicht und verlang' es nicht. Ich wollte dich nur ein bißchen vertrösten. Unsere Bibliothek hast du nun ganz durchgelesen, ich habe kein Geld, dir immer neue Bücher zu kaufen und einer armen Wittwe, wie ich bin, leiht Niemand gerne Bücher und damit Punktum!

Ludwig.

Das ist leicht sagen: „Punktum" — liebe Mutter; aber mit dem Punktum ist mir nicht geholfen.

Frau Werner (drohend.)

· Oho — oho! nicht so hitzig, kleiner Disputirer! Auf das Punktum könnte noch „Sand darauf" kommen; also schweig und beschäftige dich mit etwas Anderem. Ich dulde weder das Widersprechen noch das Faullenzen; das weißt du!

Ludwig (weinend.)

Ich weiß es, aber meine Lektion für die Schule

habe ich gelernt und auch die Aufgabe schon halb
fertig, die uns für die zwei Weihnachtsfeiertage
mit heimgegeben ward — und —

Frau Werner.

Und, und — so spiele Etwas; dagegen habe
ich auch nichts.

Ludwig
(in der Tischschublade suchend.)

So komm' denn, guter Freund. (Langt einen Hanswurst hervor.) O weh Mutter, der Casperl hat sich
den rechten Arm gebrochen.

Frau Werner.

So trag' ihn in's Spital und pfleg' ihn gut,
damit er bald geheilt werde.

Ludwig
(nimmt den Hanswurst und setzt sich auf einen Schemel, ihn auf
seinen Schooß legend.)

Lieber Monsieur Casperl, wie bedauere ich, daß
du krank bist und dir den Arm gebrochen hast!
Komm laß dir ihn verbinden.

Frau Werner
(wirft ihm einen Abschnitt Leinwand zu.)

Da hast du etwas Bandage.

Ludwig.

Danke, Frau Mama. — Komm', alter Freund,
laß' dir den Verband anlegen. So — jetzt ruhig

und still gehalten. Ach guter Casperl, du hast
auch schon bessere Zeiten gehabt, wie ich und die
Mutter! Weißt du noch, wie ich dich immer zu
mir auf ein schönes Canapee gesetzt habe und wie
du mit mir Caffee getrunken hast? Jetzt heißt's
Strohsessel und Milchsuppe! O weh; o weh! —
und die Mutter muß jetzt auch mehr arbeiten, und
wir beide haben geflickte Hosen an, daß es eine
Schande ist — —

(Frau Werner wischt sich Thränen aus den Augen.)

Ach! und mein guter, guter Papa, der hat
uns verlassen, weil ihn der liebe Gott holen ließ
zu sich in den Himmel hinauf. Aber wir drei —
ich, die Mutter und du, wir sind jetzt allein auf
der Welt — o weh, o weh, das ist schon zum
weinen. —-So wein' doch auch Casperl! — Mut=
ter, — der Casperl mag nicht weinen! — warte,
wenn du nicht weinen willst! (Gibt der Puppe einen Klaps.)
Du abscheulicher Casperl!

Frau Werner (vortretend.)

Das arme Kind erinnert sich besserer Zeit! Wie
schnell sich auch Alles oft wenden kann! Freilich
ist ein Unterschied zwischen dem guten Gehalte eines
geachteten Beamten und der geringen Pension einer
Wittwe! Mein theurer Karl! warum hat dich

der Himmel so früh von meiner Seite weggerufen? Nun sind's bald zwei Jahre — 's ist mir aber noch, als wär's gestern geschehen!

Ludwig.

Mutter! jetzt ist der Casperl eingeschlafen; er hört's nicht, wenn ich mit dir rede. Sag' mir: Kriegt der Casperl kein Weihnachten? Morgen ist ja Christkindltag?

Frau Werner.

Ei, was sollte das Christkindl dem Casperl bringen? Dir wird's auch nicht viel bescheeren.

Ludwig.

Und warum nicht? — 's Christkindl kann auch armen Leuten, wie wir sind, was bringen, wenn es will!

Frau Werner (für sich.)

Der Bube setzt mich wirklich in Verlegenheit mit seinen klugen Fragen. (zu Ludwig) Bei gewissen Dingen sollen Kinder nicht immer „Warum" fragen; denn sie verstünden die Antwort nicht und das liebe Jesuskind wird schon wissen, wo und wie und was es zu bescheeren hat. Merk' dir das, und wenn du größer bist und kein Bube mehr, da wirst du Vieles besser einsehen lernen; dann magst du auch fragen.

Ludwig.

Auch gut! Das heißt: ich soll warten, bis ich
größer und gescheiter bin.

Frau Werner.

Allerdings! Jetzt aber sei vernünftig und halt'
gut Haus; denn ich habe einen Gang zu machen
in die Stadt. Schließ' Niemand auf, wenn es
schellt; den Schlüssel nehm' ich mit. (für sich, indem sie
Ueberwurf und Hut nimmt) Ein Weihnachtsbäumchen
und ein Paar Aepfelchen muß er denn doch haben,
der arme Junge! — Also vernünftig und brav,
Ludwig. Ich kann mich ja auf dich verlassen, daß
du kein dummes Zeug machst. In einem kleinen
Viertelstündchen bin ich wieder da.

Ludwig.

Abieu, Mutter!
(Frau Werner ab durch die Mittelthüre.)

Ludwig (allein.)
(Neigt sich über den Hanswurst, den er auf den Schemel gelegt hat.)

Er schläft prächtig; ich mein' ich hör' ihn
schnarchen! — Ich hab' die Mutter gewiß recht
lieb, ach! sie ist ja gar so gut — aber mit dem
Christkindl, da steckt doch was dahinter und wenn
das Christkindl ein recht ordentliches Christkindl
ist, wie ich's glaube, so wird und muß es mir

5

auch Etwas bescheeren; denn ich bin doch eigent=
lich kein böser Bub. Ich will mich nicht loben,
aber die Wahrheit darf man sich eingestehen. In
der Schule lerne ich ordentlich, das kann der Herr
Lehrer bezeugen, zu Haus bin ich so ziemlich brav,
das sagt die Mutter selbst, und beten thu' ich auch
fleißig; also was sollte das Christkindl gegen mich
haben? — Kurz und gut und gut und kurz —
und — und — was möchte ich denn eigentlich
vom Jesukind für mich erbitten? Ja! wenn ich
nur so eine schöne Bilderbibel wieder haben könnte,
wie die, die man mit des Vaters Büchern ver=
kauft hat, als so viele Leute in unserm schönen
Zimmer damals waren und Einer an einem Tisch
immer ausrief: Wer gibt mehr, wer gibt mehr —
zum ersten Mal, zum zweiten und dritten Mal?
Das hab' ich mir recht wohl gemerkt; denn als
die schöne Bibel mit den Bildern drankam, da rief
der Mann: sechs Gulden zum ersten Mal; und
beim dritten Mal, da hieß es: acht Gulden, und
das Buch ward über den Tisch hinausgegeben an
eine schöne Frau; die hat auch gleich bezahlt und
ich hab' recht weinen müssen, weil ich das liebe
Buch nicht mehr hatte — und darum muß ich jetzt

immer in den Ostereiern lesen und in meinem zer=
riſſenen Robinſon! — Ja! wenn ich ſo eine Bil=
derbibel wieder kriegen könnte!! Ich will das
Chriſtkindl recht darum bitten! Holla! jetzt fällt
mir was ein! Gut iſt gut und beſſer iſt beſſer!
Geſtern war ich bei den Nachbarkindern; die haben
alle an's Chriſtkindchen geſchrieben, was ſie ſich
wünſchen und was es ihnen mitbringen ſoll! Warum
ſollt' ich das nicht auch probiren? Das iſt ja
nichts Uebles; ich will mir Nichts wünſchen, als
das ſchöne, ſchöne Buch. Damals konnte ich noch
nicht leſen und ſah nur immer die Bilder an, die
mir die Mutter erklärte; jetzt wär's noch was
Anderes — jetzt kann der Menſch leſen! Viktoria!

Alſo gleich an's Werk, eh' die Mutter wieder
kömmt, die könnte mir's vielleicht gar verbieten,
daß ich ſo frei bin und an das Chriſtkind ſchreibe.
(Läuft an den Tiſch und ſchreibt.) — Ja nicht nur leſen
kann der Menſch, — auch ſchreiben kann er! —
Aber wie fang' ich den Brief an? — — Aha!
ſo — „Liebes Chriſtkindchen mit dem gold'nen
Schein! Ich bitte dich gar ſchön, wie's auch andere
Kinder zu thun ſich erlauben — ſich erlauben —
bringe mir morgen zum heiligen Weihnachtstage,

wenn du auch mir nichts Anderes schenken willst,
bringe mir, sei so lieb und gut, oder gib's nur
der Mutter für mich, das gewiße Buch, du weißt's
schon, so eine biblische Geschichte mit schönen Bil=
dern. Ich werde fleißig darin lesen und immer
dankbar — dankbar an dich denken." — Unter=
schrift: „Dein treuer Ludwig Werner, und damit
du weißt, wo ich wohne, schreib' ich auch dazu:
Kirchengasse Nro. 45 ganz oben im vierten Stock,
bei meiner lieben Mutter, denn mein Vater ist
vor zwei Jahren gestorben." — —

So — jetzt Oblate her, Petschaft der Mutter,
das thut nichts zur Sache, und auf den Brief:
„An das liebe Christkindchen im Himmel oben." — —

Ah — ah — meine Schrift ist passabel aus=
gefallen, ohne Linien war's ein Bißchen schwer.
— Nun vor die Mutter kömmt! geschwind, vor's
Fenster mit dem Briefe, auf das Gesimse; die
Engelein, die vorbeifliegen, werden ihn schon holen
und dem Christkindchen bringen! (Oeffnet das Fenster und
legt den Brief hinaus.) O weh! er ist mir auf die
Straße gefallen! — das thut aber nichts, Christ=
kindl find't ihn schon! (Schließt das Fenster. Geräusch außen.)
Ah, die Mutter kömmt.

Frau Werner.

Siehst du, Ludwig, wie schnell ich wieder da bin. Hast du den Casperl unterdessen ordentlich gepflegt?

Ludwig.

Er hat immer geschlafen.

Frau Werner.

Gut! 's ist auch Zeit, daß du schlafen gehst. Bis du deine Suppe gegessen hast wird's dunkel und wir müssen morgen frühzeitig in die Kirche. Stell' noch eine Schüssel auf den Tisch und bete zum Christkindchen. Vielleicht wird's dir während der Nacht Etwas hineinlegen.

Ludwig.

Mutter! Ich möcht' es wohl hoffen! sieh' da stell' ich meine Schüssel hin und jetzt (die Hände faltend)

Heiliges Kind im Himmel oben
Will dich preisen, will dich loben!
Allen Menschen schenk' hienieden
Deinen süßen Weihnachtsfrieden!
Und wenn alle du bedacht,
Denk auch meiner diese Nacht! —

Frau Werner.

So — jetzt in die Kammer; die Suppe steht

noch warm auf dem Ofen. Iß — und dann
komme ich auch nach.

Ludwig (schelmisch.)

Gute Nacht, Freund Casperl! Wir wollen
doch sehen, ob's morgen nichts gibt. (Ab in die Seiten-
Thüre.)

Frau Werner (allein.)

Nun herein mit dem Weihnachtsbäumchen, das
ich vor die Thüre gestellt habe. (Holt einen kleinen Weihnachtsbaum mit Aepfeln dran herein.) Ach mein Gott! das
ist wohl eine recht armselige Christgabe! Ich will
jetzt die Lichtlein darauf stecken und wenn Ludwig morgen früh in die Stube tritt, da soll's lichterloh brennen! (Indem sie die Kerzen aufklebt.) Was hatten wir
einen schönen Baum, als mein lieber Mann noch
lebte! Was war's eine freudige Zeit, als wir
ihn gemeinsam zierten und schmückten für unsern
Ludwig, uns beide selbst gegenseitig beschenkten und
den armen beiden Schuhmacherwaisen zugleich bescheert wurde. Jetzt ist's freilich so, daß ich kaum
meinem eigenen Kinde zu Weihnachten Etwas kaufen kann. Ein grünes Bäumchen und ein Paar
Aepfel und Lichtlein dran! — — Nun! wie Gott
es will! Ich bringe mich arm aber redlich fort
und der Vater aller Menschen wird mir wohl auch

helfen, daß ich meinen Ludwig so erziehen kann, damit er sich sein Brod verdiene und ein ehrlicher Mann werde! (Sie zündet Licht an.) Noch eine Woche — und wieder ist ein Jahr herum. Ich danke Gott von Herzen, daß es so gegangen ist, wenn ich nur an meinem Herzensbuben nie Kummer und Leid erlebe!

(Ab durch die Seitenthüre.)

(Mittlerweile ist es ganz dunkel geworden, nach einer kleinen Pause hört man die Glocken von den Thürmen läuten; der Hintergrund öffnet sich und zeigt die Krippe mit dem Christkind in heller Beleuchtung: Maria und Joseph zur Seite kniend, von Engeln umgeben. Hinter der Scene singen Kinderstimmen ein Weihnachtslied.)

Fürwahr, es gab noch keine Nacht,
In der solch helle Sternenpracht
Am Himmel war erschienen,
Als diese, da das Knäblein hier
Die ganze Welt — als Himmelszier —
Gegrüßt mit holden Mienen!
Aus seinen Augen strahlt ein Licht,
Das alle Dunkelheit durchbricht
Und überall hin dringet;
Tief in die Herzen senkt sich's ein
Mit seinem wunderbaren Schein,
Der süßen Frieden bringet.
So lob' und preise unser Sang —
Im gläubig frommen Weihnachtsklang —

Das heil'ge Kind, das arm da lieget:
So arm wie kein's und doch so reich;
Denn diesem Kinde ist keines gleich,
Es hat die Welt besieget.

Zweite Abtheilung.

Weihnachtsmorgen.

Frau Werner.

Hab' ich doch die ganze Nacht kaum schlafen
können! Der Vergleich meiner jetzigen Armuth mit
früherer Wohlhabenheit beschäftigte bei dieser Weih=
nachtsfeier wieder so lebendig mein Inneres —
und, Gott weiß es, nicht um meinetwillen, nein!
nur meines Ludwigs wegen! (Es schellt an der Hausglocke.) Wie? hört' ich recht? Wer kann so früh
am Tag zu mir wollen? — (Geht durch die Mittelthüre
hinaus, die sie offen stehen läßt.) Wer schellt? —

(Stimme von außen) Ich habe ein Paket abzugeben
an den kleinen Ludwig Werner.

Frau Werner.

An meinen Sohn? Von wem?

(Stimme) **Werden's schon sehen.** (Man hört die Haus-
thüre zufallen.)

Frau Werner
(mit einem Paket in der Hand wieder eintretend.)

Wirklich ein Paket an Ludwig. Sollte Je=
mand ihm die Freude gemacht haben, eine Weih=
nachtsgabe zu schicken? Ich wüßte wirklich nicht,
wer es sein könnte. — Einerlei — ihm selbst
will ich die Ueberraschung lassen, es zu öffnen;
nun zünde ich am Weihnachtsbaum die Kerzchen
an und lege die räthselhafte Gabe hin. (Ruft hinein)
Ludwig, Ludwig! mache dich fertig und komme,
Christkindl war diese Nacht über da und hat dir
Bescheerung gebracht.

Ludwig (von Innen.)

Juhe, Juhe! ich bin schon angekleidet, nur
noch die Schuhe!

Frau Werner.

Ich muß gestehen, daß mich die Neugier wirk=
lich in Versuchung führen könnte, diese geheimniß=
volle Sendung zu besichtigen.

Ludwig
(hereinspringend, nimmt Frau Werner um den Hals.)

Guten Morgen, liebe Mutter! — Ah! sieh'
da, das schöne Bäumchen! (Tritt an den Tisch.) Acht
Aepfel daran und zwei Lebkuchen, und — was

liegt denn da nebenan? Gehört das Paket auch
dazu?

Frau Werner.

Es ward diesen Morgen schon hieher gebracht
und die Adresse lautet an dich.

Ludwig.

Wie, an mich? — ja von wem denn, liebe
Mutter?

Frau Werner.

Das muß sich zeigen, wenn du geöffnet hast.

Ludwig.

Mütterl, Mütterl! das ist eine Ueberraschung
vom Christkindl! Gewiß, gewiß!

Frau Werner (scherzend.)

Nun, so löse das Siegel des Geheimnisses!
Ich wollte dir nicht vorgreifen.

Ludwig
(öffnet das Päckchen und nimmt ein Buch heraus.)

Sie ist's, sie ist's, Mutter! (freudig springend.)

Frau Werner.

Wer ist's, wer?

Ludwig.

Nun die Bilderbibel, die ich mir vom Christ=
Kindlein erbeten habe.

Frau Werner.

Ich verstehe dich nicht; wie meinst du das?

Ludwig.

O lieb Christkind! tausend, tausend Dank! (Er herzt das Buch.) Ja, liebe Mutter, jetzt weiß ich gewiß, daß das Jesuskind überall ist, daß es gerne erfüllt und gibt, wenn man es recht inständig bittet.

Frau Werner (nimmt das Buch.)

Hast du dir denn diese schöne Bilderbibel ge= wünscht?

Ludwig.

Höre, Mutter! Als du gestern Abends aus= gegangen warst, habe ich an das Christkindchen einen Brief geschrieben und darin um eine schöne Bilder= bibel gebeten, wie wir schon eine hatten, als der Vater noch lebte, und hab' mein Briefchen zum Fenster hinausfliegen lassen. Da haben es wohl die Engel an seinen Ort gebracht; denn siehst du, hier ist die Erfüllung.

Frau Werner.

Wahrhaftig — das ist ja beinah' ein Wunder! (für sich) Fürwahr, ich weiß nicht, was ich davon halten soll!

Ludwig.

Du selbst hast mir ja schon oft gesagt, daß wer recht herzlich und innig bittet, vom lieben Gott gehört wird. Und wenn Du Etwas sagst, liebe

Mutter, so weiß ich, daß es wahr ist! — Jetzt er=
laube mir, daß ich mich mit meinem Freund Casperl
in die Schlafstube setze und mit ihm die schönen
Bilder anschaue.

Frau Werner.

Herzlich gern! thue das, lieber Ludwig, und
danke aber noch zuvor dem gütigen Jesuskind,
das dich so beglückt hat. (Ludwig ab.)

Frau Werner (allein.)

In der That, der Vorfall ist mir ein unerklär=
liches Räthsel. Ich wüßte den Schlüssel zu dessen
Lösung wahrlich nicht zu suchen. (Es schellt draußen.)
Nun — aber heute geht's lebendig her an meiner
Schelle draußen. (Sie geht hinaus.)

Frau Werner. Walter.
Walter.

Entschuldigen Sie, Frau Werner, daß ich Sie
schon in früher Morgenstunde belästige.

Frau Werner.

Es ist mir durchaus keine Störung, ich bitte,
mir den Zweck ihres Besuches zu sagen. Wen
habe ich das Vergnügen bei mir zu sehen?

Walter.

Der Name Walter wird Ihnen vielleicht nicht
unbekannt sein.

Frau Werner.

Friedrich Walter — nicht wahr? Sie sind der Jugendfreund meines unvergeßlichen Mannes? Wie oft sprach er von Ihnen!

Walter.

Allerdings, ich bin es. Es wird Ihnen wohl bekannt sein, daß ich mich vor sechs Jahren auf Reisen begab. Ich zweifle nicht, daß mein alter Freund, wenn er meiner erwähnte, auch davon gesprochen haben mag.

Frau Werner.

Ja wohl. Er erzählte mir, daß Sie die Ihnen in Fülle gebotenen Mittel auf das Edelste zu verwenden pflegten und sich auf eine Reise begeben haben, um Ihre Kenntnisse in den Naturwissen= schaften zu bereichern.

Walter.

Ich danke Gott, daß er mir zu meinem Reich= thum auch den Sinn für edle Bestrebung gewährt hat. Beides sind Gaben des Himmels. — Bei meiner Rückkehr aus dem Oriente war es mein Erstes, meinen theuren Carl Werner aufzusuchen. Ich reiste sogleich hieher. — Im Gasthofe, wo ich gestern früh abstieg, erfuhr ich die erschütternde Nach= richt, daß der treffliche Mann schon vor zwei Jah=

ren diesem Leben und somit seiner liebenden Gattin entrissen worden. Wie hätte ich anders gekonnt, als mich beeilen, die Wittwe meines besten, ältesten Freundes aufzusuchen? Ihre Wohnung konnte mir nicht bezeichnet werden, weßhalb ich nicht säumte, auf der Polizei gestern Abends noch persönlich Erkundigung einzuziehen.

Frau Werner.

An Ihrer Güte, an Ihrer Theilnahme erkenne ich Sie so ganz und gar, wie mein seliger Carl Sie mir stets geschildert hat.

Walter.

Hören Sie — welch' sonderbarer Zufall mir begegnete. Der Polizeikommissär nahm eben, als ich in das Bureau eintrat, von den Polizeisoldaten Rapport ein. Einer derselben meldete ihm als scherzhaften Vorfall, daß er einen Brief, in der Kirchengasse auf dem Boden liegend, desselben Abends gefunden habe, mit der sonderbaren Adresse: „An das liebe Christkindchen im Himmel oben." Der Commissär erbrach lächelnd den Brief: Ludwig Werner — war die Unterschrift. Meine Anfrage und deren Aufklärung knüpften sich an diesen Namen; der Inhalt des gefundenen Briefes

war eine kindliche Bitte um eine Bilderbibel als
Weihnachtsgabe. Ich dankte wirklich dem Himmel
im Stillen für die wunderbare Fügung, eilte sogleich in
einen Weihnachtsladen, um das himmlische Weih=
nachtsgeschenk zu acquiriren und hoffe, daß es heute
bereits an den kleinen Briefschreiber gelangt ist.

Frau Werner.

In der That, Herr Walter, die Fügungen des
Himmels — im Großen wie im Kleinen — sind
wunderbar! — Mein Söhnlein sitzt freudetrunken
vor dem Buche. Erlauben Sie, daß ich ihn dem
gütigen Geber vorstelle.

Walter.

Und warum wollten Sie ihm denn das Wun=
derbare der Erfüllung seiner Bitte rauben?

Frau Werner.

Sie haben Recht — sein frommer Glaube
werde nicht gestört. Es liegt ja nur in der Form
der Unterschied; im Wesen der Sache glauben
wir Alle, Groß und Klein, dasselbe.

Walter.

Ja, gute Frau, an Gottes allwaltende Für=
sorge und Obhut, und an diesem Glauben fest=
haltend, gestatten Sie, daß ich nun der zweite
Vater Ihres Sohnes sein darf. Ich möchte, indem

ich eine ältere Schuld an Ihren verblichenen Gatten
abtrage, fortan Ihnen die Mittel anbieten, so zu leben,
wie Sie früher gewohnt waren, und Ihrem Kinde
jene Erziehung zu gewähren, welche ihm zu Theil
geworden, wenn sein Vater noch am Leben wäre.

Frau Werner.

Ich nehme das Anerbieten an — denn ich kenne
Ihr Herz! Ich schäme mich nicht, es zu thun; denn ich
bin dessen gewiß, daß mein Ludwig seinem und meinem
Wohlthäter stets jene Dankbarkeit bethätigen werde,
welche jedweder edlen That der schönste Lohn ist.

Walter.

Wenn es Ihnen genehm ist, so lade ich Sie
ein, auf meinem Landgute die Verwalterin meines
Hauses zu sein und Ludwig soll in ein Erziehungs=
haus eintreten, dessen Trefflichkeit mir gerühmt ward.

Frau Werner.

Gott lenkt Alles gut und so, wie es uns zum
Besten gereicht! — Stets unvergeßlich aber wird
mir diese heurige Weihnachtsfeier sein.

Walter
(zieht einen Brief hervor.)

Und der Weihnachtsbrief an das Christkindchen
kommt unter Glas und Rahmen!

Ende.

Die drei Wünsche.

Ein lehrreiches Beispiel.

Perfonen.

Die schöne Fee Zimberimbimba.

Martin, ein Holzhauer.

Margreth, deſſen Weib.

Herr Casperl, deren Freund und Nachbar.

Wald.

Martin (mit Holzhauen beschäftigt.)

Heut ist wieder ein saurer Tag! Herr Gott, ist das nicht um die schwere Noth zu kriegen. Immer hacken und immer hacken! und da muß unser Einer noch froh sein, wenn ihm vom Herrn Waldmeister Arbeit angewiesen wird. Und die schlechte Bezahl=ung, kaum daß ich mit meiner Margreth des Jahrs viermal ein Stückl Fleisch in's Haus — viel we=niger in's Maul bring.

(singt während des Holzhauens)

Ich hau halt drein —
Es soll so sein,
Daß ein Baum nach dem andern
Muß in den Ofen wandern.

Oft weht der Wind
Ihn um geschwind —
Die allergrößten Eichen
Die müssen Stürmen weichen.

6 *

Im Waldesraum
Ein jeder Baum
Gleichwie der Mensch im Leben
Sich endlich muß ergeben.

Art oder Sturm,
Säg' oder Wurm —
Und Einem gilt's wie Allen —
Daß endlich sie zerfallen.

(Setzt ans und wischt sich den Schweiß von der Stirne.)

Ha — Ha! muß ein bißl verschnaufen, das
ist eine Höllenarbeit so hartes Buchenholz!

(Eine Stimme ruft „Martin!")

Nun! wer ruft da? Kommt etwa mein Mar=
greth und bringt mir die Mittagssupp?

(Die Stimme ruft wieder „Martin!")

Nein, das ist die Margreth nicht, die hat
keine so feine zarte Stimm; die kreischt bisweilen
wie ein Rab, besonders wenn sie üblen Humors ist.

(Abermals „Martin!")

Jetzt hab' ich's satt! Wer ruft? was gibt's?

Die Stimme.

Paß auf Martin! Ich bin eine unglückliche
Fee und stecke in dieser Eiche.

Martin.

Oho! das wär wieder etwas Neu's, daß die

Leute in den Bäumen stecken. Firlefanz! Da steckt
was Anders dahinter!

Die Stimme.

Martin, du bist ein Esel.

Martin.

Allerdings wär' ich ein Esel, wenn ich eine
solche Dummheit glauben könnte.

Stimme.

Höre mir zu, Martin: Wisse, ich bin die un=
glückliche Fee Zimberimbimba, welche seit 500 Jah=
ren in diesen Baum gesperrt ist.

Martin.

So was könnte mir ein Jeder weiß machen.

Stimme.

Nimm deine Art, guter Martin und haue die
Rinde der Eiche durch, welche den Stamm um=
schließt. Er ist hohl und da steck' ich drin.

Martin.

Probiren könnt' ich's ja. — Aber, wer weiß,
ob nicht der Teufel dahinter steckt und mich dann
beim Schopf nimmt.

Stimme.

Sieh hier! da ist ein kleines Astlöchlein, da
will ich einen Finger herausstrecken.

Martin (tritt hin.)

Das laß ich mir gefallen! So ein feines Fin=

gerlein kann nur ein Frauenzimmer haben; der
Teufel hat ja Krallen an der Hand. Wohlan!

(haut in die Eiche.)

Stimme.

Hau nur nicht zu tief — es könnte mir in
den Leib geh'n.

(Nach einigen Hieben fällt die Rinde und die Fee tritt heraus.)

Martin
(fällt zitternd auf die Kniee.)

O du rosenfarbige Mamsell, was bist du schön!
aber ich bitt' dich, thu' mir nichts zu Leid! Denn
du könntest ein vermaskirter Teufel sein.

Fee.

Fürchte nichts — ich bin wirklich die Fee Zim=
berimbimba. Vernimm, wie ich in diesen Baum
hineinkam. Ich bin die Tochter des großen Zau=
berers Califonius, der vor 500 Jahren in einer
Höhle dieser Gegend wohnte und sich an Werktagen
mit Zaubern, an Sonn= und Feiertagen mit Korb=
flechten beschäftigte, um sich sein Brod zu verdie=
nen. Als kleines Mädchen trug ich in Gestalt
eines Bauernkindes die fertigen Körbe in die Stadt,
wo ich sie verkaufte und dafür Lebensmittel heim=
brachte. Als ich heranwuchs, wurde ich sehr hübsch!
leider habe ich keinen Spiegel mehr — ich weiß
nicht, wie ich jetzt aussehe.

Martin.

O ganz charmant, nicht wie aus einer alten
Eiche, sondern wie aus dem Ei geschält.

Fee.

Das freut mich, daß die 500 Jahre mir nicht
geschadet haben. Nun — wie gesagt — als ich
ein hübsches 18jähriges Zauberfräulein war, wollte
mich der abscheuliche Zwerg Langebart absolut hei=
rathen. Er war aber bös und häßlich und ich
hatte gar keine Lust, seine Frau zu werden. Dem=
unerachtet aber kam er eines Tages in die Höhle
zu meinem Papa und hielt feierliche Anwerbung
um mich. Wir saßen eben beim Kaffee, als er
eintrat und mir ein herrliches großes Edelstein=
krönlein aus seinem Bergwerke zu Füßen legte,
sich auf ein Knie niederließ und also sprach: Holde
Zimberimbimba! In Gegenwart deines Herrn Va=
ters, des großen Zauberers Califonius, halte ich
um deine Hand an. Dein Ja wird mich zum glück=
lichsten Zwergen der ganzen Gnomenbevölkerung
machen! O! willige ein! Darauf wurde ich aus
Scham und Zorn über und über roth und fiel in
Ohnmacht. Mein Papa berührte mich aber mit
seinem Zauberstäbchen und ich erwachte wieder. Der
Zwerg wollte mich fortführen, allein mein Vater

trat dazwischen und sprach: Werthester Herr Lange=
bart! obgleich es mir eine absonderliche Ehre wäre,
Sie zum Schwiegersohne zu haben, so muß ich
doch die Entscheidung meiner Tochter ganz allein
überlassen. Ich aber stund ganz zornig vom Stuhle
auf und sagte: lieber will ich 500 Jahre lang in
einen Baum gezaubert werden, als daß ich eine
so häßliche Creatur zum Gemahl nehme.

Nun mußt du wissen, lieber Martin, daß wenn
eine Fee, d. h. eines Zauberers Tochter Etwas
sagt — so ist's schon so, als wenn's wirklich ge=
schehen wäre. — Ein furchtbarer Donnerschlag hallte
mit dem höllischen Gelächter des Zwerges durch
unsere Höhle, ein Blitzstrahl schlug meinen Papa
todt und ich wurde durch eine unsichtbare Macht
in das Innere dieser Eiche getragen, wo ich nun
schlummernd verborgen war. — Heute aber sind
es gerade 500 Jahre! Wärest du nicht da gewesen,
so hätte ich wieder 500 Jahre auf meine Erlösung
warten müssen. Du aber hast dadurch ein großes
Glück gemacht; denn meine Dankbarkeit soll dich
feenmäßig belohnen.

Martin.

O allerliebste Fee! Ich weiß gar nicht, was

ich zu dieser Wundergschicht sagen soll! Ich bin ganz confusius.

Fee.

Merk' auf! Zum Lohne für meine Befreiung sind dir drei Wünsche gestattet, die Du innerhalb dreier Tage aussprechen sollst. Nimm dich in Acht! Wähle klug. Du kannst dir viel, viel wünschen und was immer du wünschest — das wird dein sein. In drei Tagen frage ich zu dieser Stunde bei dir im Hause an. (verschwindet.)

Martin
(reibt sich die Augen).

Jetzt weiß ich nicht, wie mir zu Muth ist. Hab ich geträumt oder ist die Geschicht wirklich so, wie mir geträumt hat? Halt! was seh' ich? da liegt ein goldenes Ringlein auf der Erde und ein Spruch ist drauf geschrieben:

Was du wünschest, leise sprich;

Wahr wird's — bin am Finger ich.

Was du wünschest — wohl bedenk:

Dreifach ist der Fee Geschenk.

Herr Jemine, Herr Jemine! 's wirklich so! Das ist ein Wunschringlein! O du liebes, liebes goldenes Ringelein! (springt vor Freuden) o du goldene Fee! o du herzige Zimperipimpimperl! Jetzt

bin ich ein glücklicher Mensch! jetzt wünsch ich mir
gleich — (schlägt sich auf's Maul) halt — Martin —
sei klug! das muß überlegt werden mit aller Vor=
sicht und Umsicht. Meine Margreth muß auch
wünschen helfen; das ist eine gescheute Frau und
die Nachbarn können wir auch um Rath fragen,
ehe wir wünschen. Juhei! Juhei! das wird ein
Leben werden! der Himmel auf Erden — wenn
uns sonst kein Unglück passirt! jetzt schnell nach
Haus! (geht ab.)

Verwandlung.

Martins Stube.

Mit schlechtem Geräth. Ein Kamin zum Kochen. Margreth
ist eben beschäftigt Kartoffeln zu schälen.

Margreth.

Und alleweil und alleweil Erdäpfel — einen
Tag wie den andern! d. h. einen Tag Erdäpfel
und den anderen Kartoffeln — das ist die ganze
Abwechslung. Ich weiß gar nimmer, was eine
Fleischspeis für einen Geruch hat. Jetzt ist's ge=
rade ein Vierteljahr her, daß uns der Jäger
Krumplmaier ein Eichkätzl geschenkt hat! Ach!

das war aber ein delikates Essen! So zart und
so weich! Und besonders das Schweifel war so
gut in der weißen Buttersauce. Mein Mann hat
zwar gesagt, es hätt ihm etwas im Magen ge=
kratzt — aber geschmeckt hat's ihm doch. O du
liebe Noth und Kummerniß! es ist nur gut, daß
wir keine Kinder haben, da wüßt' ich mir ja gar
nicht zu helfen!   (Martin draußen: Juhe, Juhe!)

Oho! was hat denn der Martin, daß er heut
schon so früh heim kommt und gar so lustig? Viel=
leicht hat er seinen Wochenlohn vorausgekriegt.
's ist aber erst Mittwoch, das wär' etwas Neues.
(Martin tritt eiligst ein, stolpert über die Thürschwelle und fällt hin.)

Margreth.

O du Talk! wer wird denn zur Thür herein=
fallen?

Martin (aufstehend).

Wenn das Glück in's Haus kömmt, fällt's oft
zur Thür herein. Da haben wir gleich einen Beweis.

Margreth.

Du wirst ja das Glück in's Haus bringen!
Das wär wohl 's erstemal.

Martin (wichtig).

Halts Maul und setz dich in Positur — als
wenn du vor einem gnädigen Herrn stündest.

Margreth.

Was fällt dir heut wieder ein? Uns Hunger=
leidern thut's Noth, daß wir noch Späſſe machen.
Was machſt du heut ſchon ſo früh zu Haus? Sind
die Erbäpfel noch nicht einmal geſotten.

Martin.

Was Erbäpfel! jetzt geht's aus einem andern
Ton. Mit dem Pſalm Miſerere haben wir von
nun an nichts mehr zu ſchaffen! Steh her! (hebt
den Ring in die Höhe.)

Margreth.

Ei, das Glück! haſt ein goldenes Ringl gefunden?

Martin.

Und was für ein Ringl! Einen Wunderring!
Einen Zauberring! Einen Wunſchring!

Margreth.

Wenn du Geld hätteſt — möcht' ich glauben,
du ſeiſt wo eingekehrt und wärſt betrunken.

Martin.

Ja! trunken vom Glück, das mir paſſirt iſt!

Margreth.

Ei was!

Martin.

Ei was, ei was! — laß dir ſagen — (es
klopft an der Thüre.) Still, ſtill! da kommt Jemand.

Geh' einstweilen in die Holzkammer hinaus, ich komme gleich nach, um dir das wichtige Geheim= niß zu sagen, welches uns zu glücklichen Menschen macht. Geh, geh! (schiebt Margreth hinaus.) So — den Besuch werd' ich gleich abfertigen; denn ich kann's nicht erwarten, meiner Margreth Alles zu sagen. Wer ist draußen? herein!

Casperl. Martin.

Casperl.

Bon jour, bon jour, Herr Nachbar! nir Neus, nir Neus? Ich will gerad ein Bißl in's Wirths= häusl schaun und da hab' ich im Vorbeigehn etwas zusprechen wollen bei Ihnen.

Martin.

Schön Dank, schön Dank, Herr Casperl! Aber verzeihen Sie mir, ich muß schon abbitten, heut hab' ich nicht Zeit, mit Ihnen zu plaudern. Ein unerwartet Geschäft —

Casperl.

Ein Geschäft — was für ein Geschäft? Ich bin gar nicht neugierig, aber wissen möcht' ich doch Alles.

Martin.

Es thut mir leid, aber vor der Hand muß es noch mein Geheimniß bleiben.

Casperl.

Ach! ein Geheimniß? das ist mir grad recht.
Vertrauen's mir's nur gleich an. Ich bin der
Mann dazu. Wenn mir Einer was anvertraut,
so ist es in den besten Händen. Ich hab noch nie
was ausgeschwäßt.

Martin.

Das ist wahr, Sie sind ja eine Art Plappermühl.

Casperl.

Oho — was Sie da sagen?

Martin.

Warten Sie nur ein wenig. Ich komm gleich
wieder herein. (ab)

Casperl (allein).

Ein Geheimniß? was kann das sein? Das
muß ich ergründen — und weiß ich, was es ist,

(singt)

So lauf ich schnell zur Thür hinaus,
Im ganzen Ort in jedes Haus,
Erzähl's dann gleich an alle Leut'
Beim Siegel der Verschwiegenheit.

Zu was hat denn der Mensch sein Maul,
Das meine ist gewiß nicht faul;
Die Zung ist ja zum Sprechen da,
Damit man weiß, wo was geschah.

Es gibt nur Einen Augenblick,
Wo ich mich schweigend zieh' zurück;
Der ist die liebe Essensstund',
Wo etwas Andres treibt mein Mund.

Halt ich den Krug in meiner Hand,
Ein Jeder mich noch schweigend fand —
Da hat der Mund etwas zu thun
Und kann vom Reden klüglich ruhn!
Aha! jetzt kommen 's wieder.

Margreth. Casperl.

Margreth (voll Freuren).

Ei, Herr Casperl, guten Morgen, guten Morgen!

Casperl.

Sie sind ja gar lustig, Madam Margreth.
So hab ich Sie lang nit gseh'n!

Margreth.

Ja, ich möcht aus der Haut fahren, vor Freuden!

Casperl (bei Seite).

Aber fein in eine andre Haut, die etwas hüb=
scher ist als die Ihrige. (Laut) Nun, was gibt's
denn so Erfreuliches?

Margreth.

Etwas Ungeheuers! aber ich darf's Ihnen noch
nicht sagen; mein Mann hat mir 's verboten.

Casperl.

So — einem alten Hausfreund wird die Familienfreude vorenthalten? das ist nicht schön. (weint.)

Margreth.

Ja, es thut mir leid, daß ich's Ihnen nicht sagen darf. — Warten's nur ein wenig!

Casperl.

Das ist abscheulich von Ihnen, abscheulich! Ich möcht mich zu todt weinen über das feindselige Mißtrauen.

Margreth (gerührt).

Herr Casperl, wenn Sie mir versprechen, daß Sie nicht weiter plaudern, so will ich's Ihnen anvertrauen.

Casperl.

O wie könnten Sie zweifeln an meiner Verschwiegenheit?

Margreth.

So hören Sie. Wir haben ein großes Glück gemacht! Mein Mann hat ein Wunschringl gefunden und kann drei Wünsche thun, die ihm sogleich erfüllt werden. Da sehn's. (zeigt ihm den Ring.)

Casperl.

Ist das möglich?

Margreth.

Ja wissen 's, in der Comödie ist Alles möglich!

Casperl.

O glückliches Paar! Erhalten Sie mir Ihre Freundschaft, (bei Seite) damit ich auch was davon hab.

Margreth.

Seh'ns Herr Casperl! wenn man das Ringl am Finger hat und spricht einen Wunsch dabei, so hat man's gleich.

Duett.

Casperl.

Was ist doch so ein Zauberring
Ein allerliebstes, liebstes Ding,
O hätt ich solch' ein Ringelein,
Ich wünschte mir viel Bier und Wein.

Margreth.

Oho das wär wohl nicht gescheut,
Und wär gefehlet himmelweit;
Beim Wünschen mit dem Ringelein
Da heißt es klug und weise sein.

Casperl.

Sie haben Recht, Sie haben Recht,
Ein Sack voll Geld wär auch nicht schlecht!

Margreth.

Ein Sack voll Geld wär auch nicht schlecht.

7

Casperl.

Und dazu ein gebratner Hecht!

Beide.

O Zauberring, o Zauberring,
Was bist du für ein Wunderding.
Ring, Ring, Ring, Ring,
Ding, Ding, Ding, Ding.

Casperl.

So Etwas ist mir in meinem Leben noch
nicht vorgekommen, gelesen hab ich schon viele
solche Zaubergschichten. Aber jetzt, liebe Frau
Margreth, hab ich ein' gwaltigen Durst.

Margreth.

Wie gewöhnlich, Mr. Casperl. Wenn Sie
mit einem Glas Bier vorlieb nehmen, so kann
ich aufwarten.

Casperl.

Her damit! Ich verachte nichts dergleichen.
(macht einen Schluck aus der dargebotenen Flasche.) Ah — das
war gut! Wissen's was, Frau Margreth? Eine
Schüssel voll Bratwürstl wär halt gut dazu.

Margreth.

Ja, mein Himmel, die weiß ich gar nimmer
wie's aussehen. Eine Bratwurst ist schon lang

nicht mehr über unsere Schwelle gekommen. Wie oft hab ich mir schon gewünscht, wenn ich nur so ein Dutzend recht guter Bratwürst da vor mir hätt — (Donnerschlag und es erscheint eine Schüssel mit Bratwürsten darauf; Casperl fällt aus Schrecken um, Margreth fällt auch um.) O weh, o weh! Ich hab den Zauberring am Finger und mein Wunsch ist in Erfüllung gegangen!

Casperl.

Ja das wär mir schon recht, aber das Donnern, das braucht nit dabei zu sein, das verbirbt Eim' ja den Appetit zum Essen.

Margreth.

Ist denn das nicht ein Unglück, Mr. Casperl? jetzt ist schon Ein Wunsch verlaborirt; und wir haben nur mehr zwei Wünsche! Was wird mein Mann dazu sagen, wann er nach Haus kommt? Da krieg ich Prügel auch noch dazu. Was hätten wir uns schon das erste Mal Alles wünschen können! Aber da sind Sie daran schuld, Mr. Casperl, mit Ihrer ewigen Gefräßigkeit! Sie haben mich in's Unglück gebracht!

Casperl.

Frau Margreth — ich bin ein Philosoph.

7 *

Was gschehen ist, das ist geschehen. Jetzt sind halt die Würst da — also lustig drüber her! (fangt zu essen an.)

Margreth.

Ich kann auch nichts anders thun, als anbei=ßen — aber mein Mann, mein Mann!

(setzt sich zum Essen.)

Casperl.

Schaun's, Frau Margreth. So oft ich eine Bratwurst seh, muß ich den menschlichen Verstand des Erfinders der Bratwürste bewundern, dem's eingefallen ist, diese Würst oben und unten zuzu=binden; denn wären sie nur an einem End zuge=bandelt, so würde der schmackhafte Inhalt beim andern End hinauslaufen. Es ist sehr die Frage, ob mir das eingefall'n wär. (Man hört Tritte) Aha, jetzt kommt der Herr Martin nach Haus.

Margreth.

Auweh, auweh! — Ich werf lieber gleich das Ringel in's Eck, damit ich allenfalls nit wieder eine Dummheit wünsch. (wirft den Ring weg.)

Casperl.

Eine gute Wurst ist nie eine Dummheit, be=sonders wenn man selbige umsonst haben kann.

Martin tritt ein. Die Vorigen.

Martin.

So, allerliebste Margreth, jetzt hab ich mir guten Rath geholt beim Schullehrer und beim Pfarrer; die haben mir die gescheitesten Wünsche auf ein Papier geschrieben. Jetzt geht's bald an= ders bei uns zu. Ein herrliches Palais, Kutschen und Pferd; kein Holzhacken mehr, keine Erdäpfel mehr. Lauter Gansleberpasteteln auf'n Tisch und gebratene Fasanen. Ich laß mir gleich einen Frack machen mit ächt goldene Knöpf. Ein Portier muß vor dem Hausthore stehen. Ich laß mich zum Grafen machen — denn um's Geld kann man Alles haben. Schon mancher jüdischer Bankier ist „Herr von" geworden, weil er sich's hat kosten lassen. Und du, Margreth, bekommst eine Kammerjungfer und ich laß dir eine eigne Portchaise machen. Zu Fuß darf keins von uns mehr gehen. Herr Casperl — jetzt passen's auf; Sie werden sich wundern.

Casperl.

Ja. — Einmal hat's schon gekracht!

Martin.

Was soll das bedeuten?

Casperl.

Betrachten Sie einmal diese Schüssel voll an= genehmer Bratwürst.

Martin.

Warum, warum?

Casperl.

Das sind keine gewöhnlichen Bratwürst! Das
sind Zauberbratwürstln! die schmecken delikat.

Margreth (fällt auf die Kniee).

Ah, verzeih mir, lieber Mann! in meiner Un-
vorsichtigkeit hab ich mit dem Ring am Finger
eine Schüssel voll Würsteln hergewünscht.

Martin (höchst zornig).

O du unglückseliges Weibsbild! Ich hätte
gute Lust, Dich zu todt zu prügeln! jetzt ist schon
Ein Wunsch verpatscht! — Wo ist der Ring?
Gleich her damit!

Margreth.

Dort hinten liegt er.

Martin.
(hebt ihn auf und steckt ihn an den Finger).

Wie man aber nur so einfältig sein kann!
Was hast Du schon Alles verscherzt! Und die
drei Wünsche waren so prächtig ausgedacht!

Margreth.

Das hätt' Dir in der Schnelligkeit auch geschehen können!

Martin.

Was mir? Eine solche Dummheit! das ist unmöglich.

Margreth.

Jetzt ist's vorbei! Setz Dich auch her und iß lieber ein Paar von den guten Würsteln.

Martin.

Was? Ich mitessen? Ich hab so einen Aerger über Dich, daß ich lieber möchte, die Bratwürste sollten Dir an Deine lange Nas' wachsen!

(Donnerschlag. Alle drei fallen zu Boden, und die Würste hängen an Margrethens Nase.)

Martin.

Donnerwetter! der zweite Wunsch!

Casperl (pathetisch).

Ja der zweite Wunsch ist unter Donner und Blitz in Erfüllung gegangen. Ich gratulire.

Martin
(prügelt sein Weib und den Casperl).

Vermaledeite Wirthschaft! zum Rasendwerden ist's! Ich bring euch um! ich häng mich auf! Ich stürz mich in's Wasser!

Margreth.

O weh, oh weh! Ich unglückliches Weib! Ich

kann mich nicht mehr vor den Leuten sehen lassen! Was fang ich an!

Martin.

Herunter mit den Würsten! Helfen's mir ziehen, Herr Casperl! (Beide ziehen an den Würsten.) Es ist umsonst! Wir bringen sie nicht weg von der Nase.

Casperl.

Ja leider! Ihre Gattin ist verunstaltet auf immer!

Martin.

Vielleicht geht's mit'm Abschneiden. (nimmt ein Messer und versucht.) Es ist als ob das Messer verhert wär; hat immer eine prächtige Schneid gehabt; jetzt ist's als ob die Würste von Marmorstein wären! Auweh! Auweh!

Casperl.

Was auf eine so zauberische Manier angewachsen ist, geht nicht auf natürlichem Weg wieder von der Nasen weg.

Martin.

Ja, es ist eine Schande, Schimpf und Spott müssen wir ausstehen, wenn die Margreth ihr Lebtag diese Wurstnase behalten muß! Wenn's nur wieder herunten wären die verherten Würst!

(Donnerschlag. Alle drei fallen um und die Würste von der Nase der Margreth.)

Martin.

Weh mir! der dritte Wunsch!
(Der Hintergrund öffnet sich. Die Fee erscheint im Rosenschimmer
und spricht:)

Erfüllt ist, was ich dir versprach —
Eh' noch verging der dritte Tag;
Und in der ersten Stunde schon
Hast du geholt dir deinen Lohn!

Ein reiches Feld stund euch zur Aernte offen,
Erfüllung war verheißen jedem Hoffen —
Verscherzt habt Ihr gebot'nes Glück —
In Armuth sinkt Ihr nun zurück!

Wie oft ist doch der Menschen Thun
Ein eitel Wünschen ohne Ruh'n!
Und der Erfolg ist Unheil und Verderben,
Fortuna's Topf zerbricht in tausend Scherben!

Mög's Allen doch ein Beispiel werden,
Die nicht zufrieden hier auf Erden
Nur leere Wünsche aneinander reih'n
Und endlich sich darüber selbst entzwei'n:

Dankbar genießt, was Gott Euch hat bescheert
Und was an Lebensgaben Er gewährt!
Was mehr Ihr wollt, ist Dunst und Schaum,
Der schnell verweht ist, wie ein Traum!

Die Taube.

Nach einer Erzählung von Christoph Schmid
in vier Aufzügen dramatisch bearbeitet.

Perſonen.

Ritter Theobald von Falkenburg.

Ottilie, deſſen Frau.

Agnes, deſſen Tochter.

Roſalinde, Wittwe des Ritters Adalrich von Hohenburg.

Emma, ihre Tochter.

Ritter Ulrich von der Hohenwart.

Der ſchwarze Dietrich.

Wolf,
Schnauz,   } Raubgeſellen.
Rothaug,

Casperl, Thorwart auf Hohenburg.

Hannes, Knappe auf der Falkenburg.

Thurmwart auf der Hohenwart.

Knechte, Reiſige und Räuber.

I. Aufzug.

Frau Ottilie und Agnes nehmen unter einer Linde ihren
Morgenimbiß.

Ottilie.

Schmeckt's Agnes?

Agnes.

Die Milch ist herrlich gut! und 's Brod neu=
gebacken und resch, daß es zwischen den Zähnen
kracht.

Ottilie.

Sei froh, Kind, daß du solch guten Morgen=
imbiß hast. Wir dürfen Gott darum danken. Wie
viele Tausende haben gar Nichts oder kaum ein
Stück verschimmelt Brod den ganzen Tag über.
Weißt's ja selbst, wie der gute Vater den armen
Söldnern und Siechen Nahrung gibt, damit sie
nit vor Elend zu Grund geh'n.

Agnes.

Ach, liebe Mutter, ich weiß es und mein Herz
ist gewiß immer dankbar, daß wir in gutem Stande

leben und daß ich so lieben Vater und Mutter
habe, die mir's wohl gehen lassen.

Ottilie.

Auch leben wir auf fester, sichrer Burg und
hat der Vater seine zwölf reisigen Knappen ohne
die vierzig Söldner im Thal, so daß wir ruhig
sein können und mag uns kein schlimmer Gesell
was anhaben.

Agnes.

Ja, denk' Dir Mutter: hat mir der alte Veit
erzählt, daß ein Zug von Kaufleuten, die aus
Nürnberg kamen, erst vorgestern von des schwarzen
Dietrich Rotte im Hohlweg am Hochwald drüben
überfallen und geplündert worden.

Ottilie.

Und der Vater hat sich auch vorgenommen, in
diesen Tagen mit seinen Reisigen wieder einmal
die Heerstraße zu säubern.

Agnes.

Wenn ihm nur Nichts zu Leid geschieht! Ich
habe immer Angst und Noth, wenn der Vater
auszieht. Weißt Du noch, Mutter, wie sie ihn
einmal verwundet auf den Tod krank heimbrachten?

Ottilie.

Wer möchte so was vergessen? Aber es ist
Ritterpflicht das Recht zu schützen; was wollte das
wehrlose Volk anfangen, nähmen sich die edlen
Burgherren mit Schwert und Lanze nicht drum
an? Das wissen aber auch die bösen Gesellen
und der wackere Falkenburger ist ihnen ein Dorn
im Aug; denn wenn der mit seinem Häuflein
um..... ...an ist's nichts mit dem Rauben und
Brandschatzen.

Agnes (in die Höhe schauend).

Ei sieh, Mutter, da kreist über uns in den
Lüften ein gewaltiger Geyer.

Ottilie.

Auch so ein Raubgesell!

Agnes.

Jetzt stößt er dort herab auf die große Buche.
O weh, ein Täubchen fliegt auf, dem will er an.

Ottilie (blickt auf.)

Nichts da! Der Räuber ist getroffen. Hörst
du nicht einer Armbrust hellen Klang?

Agnes.

Sieh, Mutter, er sinkt!

Ein von einem Pfeil durchbohrter großer Geyer fällt herab; zugleich
fliegt eine weiße Taube in Agnes Schoos.

Ritter Theobald (eintretend.)

Hab ich dich, Würger? Jetzt verblut' dich.
Wirst kein Täublein mehr verfolgen.

Ottilie.

Gut getroffen! Dein Schuß fehlt niemals.

Theobald.

Gott geb's, daß es immer so bleibe. Grüß
Gott, Weib und Kind.

Agnes.

Herzensvater! sieh da, das Täublein hat sich
zu mir geflüchtet.

Theobald.

Recht so! behalt's und pfleg's gut.

Ottilie.

Warst heute schon früh auf, lieber Theobald.

Theobald.

Bin mit ein paar Knechten vor Tages An=
bruch aufgesessen, um ein bißl zu stöbern. S' ist
wieder nit sauber im Gau. Die Geschichte mit
den Nürnberger Kaufleuten wißt ihr ja. Im Hoch=
wald mag's Gesindel liegen. Wir müssen ihnen
zu Leib steigen. Im Peterskloster haben sie auch

schon schlimme Einkehr gehalten. Als gestern die
frommen Mönche beim Abendbrod saßen, ist der
schwarze Dietrich mit seinen Hallunken eingebrochen,
verriegelten die Thore und hielten in Küch' und
Keller fröhliche Mahlzeit. Nachts zog er wieder
ab und nahm vom Abte 100 Goldgulden Brand=
schatzung mit. Was wollten die armen Mönchlein
anfangen?

Agnes.

Das ist wohl arg. Wie es nur so schlechte
Menschen geben mag!

Theobald.

Das ist der Sauerteig auf Erden; 's muß auch
böse Geyer geben. Hast's eben gesehen, lieb Agnes.
Licht und Schatten durchbringt Alles auf der Welt;
Schlimmes und Gutes muß sein; und war nicht
auch Einer unter des Herrn Jüngern selbst, der
dem Bösen angehört hat? Drum ist's Pflicht der
Guten, daß sie wachen und schützen. — Die Sonne
ist schon hoch. Schafft mir einen Becher Wein;
ich hab noch nichts im Leibe; will ihn aber brin=
nen tunken.

Ottilie.

Gleich, lieber Theobald. Komm bald hinein.

Agnes.

Und du, liebes Täublein, komm in deine neue Herberge. Du sollst's gewiß gut bei mir haben. Ich will dich füttern und pflegen wie ein Kindlein, und kein böser Raubvogel soll dich von nun an verfolgen. (Ottilie und Agnes ab in's Schloß)

Theobald (allein).

Hol der Henker das Galgengesindel da drunten! Wie oft hab' ich dem Dieter schon nachgejagt! Wie manche Nacht bin ich auf dem Bauch gelegen im nassen Gras sammt den Knechten! 'S ist als ob der Teufel mit ihm wäre, — immer vergebens! Aber sein Stündlein wird auch ein Mal schlagen und ich will nit ruhen, bis ich den Gauch gefangen, lebendig oder todt. (Hornstoß des Thurmwarts).

Holla, mein Wart bläst. Kömmt etwan ein guter Freund eingeritten.

Hannes (tritt ein).

Edler Herr, die Wittib von der Hohenburg mit ihrem Töchterlein möchten Euch heimsuchen und die Edelfrau.

Theobald.

Sollen mir willkommen sein zu jeder Stunde.

(Hans ab.)

Arme Frau! hauſt nun allein auf ihrer Burg
mit ihrer Emma   Vielleicht bedarf ſie meiner;
denn ſo eine Wittib braucht oft Beiſtand und weiß
nit Rath zu finden.

(Frau Roſalinde und Emma treten ein. Theobald eilt ihr entgegen.)

Theobald.

Edle Frau, ſeid mir gegrüßt.   Ich freue mich
Euch und das Fräulein auf meiner Burg zu be=
herbergen.

Roſalinde.

Ich wußt' es zuvor, daß ich bei einem ſo wa=
ckeren Ritter geneigte Aufnahme fände.

Theobald.

Euer ſchwarz Gewand iſt wohl noch das Ab=
bild des inneren Zuſtandes, in den Euch das bittere
Ableben des theuern Ritters Abalrich verſetzt hat.

Roſalinde.

Wohl iſt es ſo, Ritter Theobald. Es ſind nun
zwar ſechs Monden verfloſſen, daß ich meinen Eh=
gemahl verloren, weil Gott ihn abgerufen; aber
meine Traurigkeit hat ſich ſchier gemehrt als ge=
mindert, und als eine betrübte und verlaſſene
Wittib komm ich zu Euch, um Euch um Rath
und Hilfe anzuflehen.

Theobald.

War mir doch Euer verblichener Gemahl immer und allezeit ein treuer Genoß und hab' ich in Gemeinschaft mit ihm manchen Strauß bestanden, wie sollt ich nit um so mehr seiner verlassenen Frau Wittib in Nöthen beistehen wollen? Wollt über mich verfügen, edle Frau.

Rosalinde.

Wenn Ihr gestattet, so mag mein Töchterlein in das Kemenat zu Euern Frauen gehen und ich will Euch dann mein Anliegen vortragen.

Theobald.

Wie's Euch belieben mag. Fräulein Emma tretet nur den Gang entlang das Trepplein hinauf; dort findet ihr mein Weib und Kind.

Emma.

So Ihr's gestattet, Herr, will ich den Frauen zur Last fallen. (ab.)

Rosalinde.

Nun erlaubt, daß ich Euch mein Anheben vortrage: Bald nach meines Adalrich schmerzhaftem Tode — ihr wißt, daß er an einer bösen Wunde gestorben — drängte unser Nachbar Ritter Ulrich auf der Wart in mich, ich solle ihm, wie ihm nach

alter Urkund gebühre, Feld und Wald abtreten,
über deß Besitz er mit meinem Gemahl in Streit
gelegen.   Nun wußt' ich aber aus meines seligen
Herren Mund, daß Ulrich von der Wart kein An=
recht habe und daß dessen Anwartschaft eitel Trug
und Lug sei.

Theobald.

Das weiß ich auch, und kann's beschwören;
denn ich war bei des Reichs Gericht als Zeuge
gegenwärtig, da die Angelegenheit rechtens zu Gun=
sten Eures Ehherrn geschlichtet ward.

Rosalinde.

Um so besser, daß Ihr's wißt.   Ritter Ulrich
aber leugnet die Schlichtung; leider ist das Perga=
ment, das Adalrich in Handen hatte, durch einen
treulosen Diener vernichtet worden.   Ulrich beginnt
den alten Streit, setzt mir mit Drohung zu und
will nun alsbald von benannten Ländereien mit
Gewalt Besitz nehmen.   Sollte dieß aber geschehn,
so wäre ich eine arme Frau; denn ringsum Hohen=
burg wäre mein Eigen verloren und nichts blieb
mir als die Burg mit dem kleinen Obstzwinger.

Theobald.

Gott sei dafür, daß Euch solch Unrecht geschähe!

Rosalinde.

Nun hab' ich Euch flehentlich bitten wollen,
daß Ihr Euch meiner gnädig annehmt; denn ich
kann mich nit schützen. Ihr wißt, mein Gesind ist
klein und nach des Ritters Tod hab ich die reisigen Knechte alle entlassen müssen.

Theobald.

Seid ohne Sorgen, edle Frau! Solch Frevel
muß gezüchtigt werden. Ulrich von der Wart treibt
allwegs so schlechte Händel; 's ist an der Zeit, daß
ihm sein trügerisch und gottlos Handwerk gelegt
werde. Dafür steh' ich ein.

Rosalinde.

Euch muß ich es überlassen, wie Ihr mich und
mein Töchterlein in unserm guten Rechte schützen
wollt. Aber leid wär's mir, so ich Euch selbst
dadurch in Ungemach oder nur leidig Verfahren
brächte.

Theobald.

Da kann nur das Schwert helfen; denn die
Waage der Gerechtigkeit ist für Ritter Ulrich nicht
von Gewicht; und für solchen Fall hat Frau Ju-
stitia mit der Waage auch das Schwert in Handen.
Verlaßt Euch auf mich. Ich reite mit meinem

Troß vor Ulrichs Burg und so er nit gute Miene
macht, werf ich ihm die Brandfackel in sein räuberisch
Nest; und hab ich es sammt Mann und Maus ver-
tilgt, so wird mir's des Kaisers Majestät zu Dank wissen.

Rosalinde.

Weh mir, wenn ich schuld an solch grausem
Handel bin.

Theobald.

Das Recht ist Euer; die Folgen fallen dem
zur Schmach und Schande, der ein gutes Recht
verletzt und dadurch den Landfrieden gebrochen hat.
— Ei, sieh da, unsere Frauen! — Sprecht nicht
weiter von unserm Geschäft. Was zu thun ist,
das wird geschehen und seid fortan ohne Bangen.
(Ottilie, Agnes und Emma treten ein; letztere die Taube auf
dem Arm tragend).

Ottilie.

Gott zum Gruß, Frau Hohenburgerin!

Rosalinde.

Dank' Euch, wenn Ihr meinen Besuch freundlich duldet.

Ottilie.

Ihr bleibt doch bei uns über Mittag. Ich
bitt' Euch, wollt erst vor Abend wieder heimkehren;
in vier Stunden macht Ihr den Weg.

Theobald.

Und ich geb' Euch sechs Knechte zum Geleit;
da seid Ihr des Weges sicher.

Rosalinde.

Allzugütig seid Ihr für uns; aber solch freund-
licher Ladung möcht ich nit zuwider handeln.

Ottilie.

Unsre Mägdlein haben schon gute Freundschaft
geschlossen. Was sich so gut zusammenfand, das
wollen wir nicht wieder schnell trennen.

Emma.

Ja, denk' liebe Mutter: Agnes hat mir zum
Liebespfand dieß schöne weiße Täublein geschenkt,
das ihr heut erst, von einem Geyer verfolgt, zu-
geflogen.

Rosalinde.

Wie lieb seid Ihr, Agnes. (zu Emma) Und was
hast Du dem Fräulein entgegengeboten.

Agnes.

Ein schönes Goldringlein mit rothem Stein
darauf.

Theobald.

So sei die Freundschaft geschlossen. Ihr seid
aber selber zwei Täublein. Gott schütz Euch aller-

wegen. — Nun wär's aber Zeit, auf die Dürniß
zu gehen. Kommt, laßt uns Mittag halten. Ein
Gläslein süßen Trunkes, den ich aus dem gelobten
Lande mitgebracht, wird Frau Rosalinde nit ver=
schmähen.

Alle ab während der Vorhang fällt.

Ende des ersten Aufzuges.

II. Aufzug.

Casperl.

Mich heißen's den Thorwartl und das ist wohl wahr, daß ich am Burgthor mein Stübl hab und die Schlüssel zum auf= und zusperren; aber was? Ich bin eigentlich Alles und Alles auf 'm Schloß. Wenn ich nit da wär, so ging nichts z'sam in dem Haus, seit der Herr Ritter selig abg'fahren ist. Hat die gnä' Frau ein' Zweifel, ein Anliegen, da heißt's nur immer: „Wo ist der Casperl?" Ich bin der Casperl oben und unten, hinten und vorn, links und rechts, rechts und links und besonders zeichn' ich mich durch meine Kouraschi aus; denn ich lauf immer gleich aus Aengsten davon; wenn's aber was z' essen gibt, hau' ich tüchtig ein und im Keller brunten ganz besonders da bin ich wirklich ein Held und fürcht' gar nix, als wenn der Wein ausgegangen ist.

Lied.

Ich bin der Casperl „Ueberall,“
Und nirgends darf ich fehlen;
Die Menschheit wäre nicht complett,
Wär ich nicht auch zu zählen.

Ich bin der Casperl „Da und dort,“
Man kann mich nicht entbehren;
Komm ich wohin, so heißt es gleich:
„Kannst' dich zum Teufel scheeren!“

Ich bin der Casperl „Lauf davon“
Und geh gleich meiner Wege,
Wo's etwa nicht ganz sauber ist;
Denn ich lieb nicht die Schläge.

Ich bin der Casperl „Guckinsglas,“
Weil immer Durst ich habe;
Ein jeder Mensch, sei's wer es will,
Hat eben seine Gabe.

Ich bin der Casperl — —
(Man schellt unten an der Hausglocke.)

No', was ist denn das für eine Manier, daß
man mich unterbricht, bevor ich meine Arie aus=
g'sungen hab? (schaut zum Fenster hinaus) Was gibt's
da unten? Wer ist da?

Stimme von Außen.

Zwei arme Pilger bitten um Einlaß.

Casperl.

Bettelvolk! wir haben selber nix.

Stimme von Außen.

Wir kommen aus dem gelobten Lande. Wir
haben Hunger und Durst.

Casperl.

Ah, wenn vom Durst die Red' ist, bin ich
auch dabei. Aufgemacht, Tonerl! — Die Kerls
seh'n aber curios aus. Die geh'n in graue Schlaf=
röck spazieren.

Der schwarze Dietrich und Wolf, als Pilger verkleidet, treten
ein.

Casperl, Dietrich, Wolf.

Casperl.

Wer sind wir? woher? wohin — Bettelleut?

Dietrich.

Wir sind arme Pilger und kommen aus dem
gelobten Lande.

Casperl.

Das könnt jeder sagen.

Wolf.

Ihr seht's ja an unserer Kleidung, gestrenger
Herr, daß wir Pilger sind.

Casperl

(für sich). Gstrenger Herr? Aha, die halten mich für was besonders. (laut und vornehm thuend.) Ja, ja! solches Volk belästiget uns bisweilen.

Dietrich.

Wir wollten auf Schloß Falkenburg, haben uns aber verirrt, weil wir der Wege unkundig sind.

Casperl.

Und da hat man so bei Gelegenheit wo Anders zusprechen wollen? nicht wahr? man kann überall was mitnehmen.

Wolf.

Ach! gestrenger Herr, wir sind müb' und matt. Verzeiht; wir hofften hier etwas ruhen zu können.

Casperl.

Meintwegen! aber der gnädigen Frau muß ich's doch melden. Wart's nur a Bißl, ich bin gleich wieder da. (ab)

Wolf.

Der Bursche scheint mir ein Narr!

Dietrich.

Gleichviel; wir sind auf der Burg und können für die Absichten unseres Freundes Ulrich von der Wart hinlänglich auskundschaften.

Wolf.

Die Knappen des Ritters sind seit dessen Tod
entlassen. Das sagte man uns ja schon unten in
der Dorfschenke.

Dietrich.

Ein Ueberfall fände wohl nicht viel Wider=
stand; aber zuvor müßen wir doch mit dem Fal=
kenburger fertig werden. Der ist zu gefährlich.

Wolf.

·Allerdings und die Hohenburgerin selbst soll
uns dazu verhelfen, an unserem Erzfeinde Ritter
Theobald Rache zu nehmen.

Dietrich.

Still sie kommt.

(Frau Rosalinde tritt ein.)

Rosalinde.

Ihr seid Pilger, wie man mir vermeldet hat
und kömmt vom heiligen Grab. Seid mir gegrüßt,
wenn ihr euch bei mir laben wollt, so laß' ich's
gern geschehen.

Dietrich.

Ihr seid allzugnädig, edle Frau. Wir wollen
nicht lang zur Last fallen.

Wolf.

Eigentlich wollten wir auf die Falkenburg, um

den Ritter Theobald aufzusuchen, welchem wir von dessen Bruder aus Palästina Botschaft zu bringen haben.

Rosalinde.

Das wird ihm lieb sein.

Dietrich.

Leider haben wir aber keine gute Kunde zu vermelden; denn Ritter Friedrich von der Falkenburg ist vor einem halben Jahre zu Jerusalem an der Pest gestorben.

Rosalinde.

Das thut mir leid; er war ein so wackerer Herr, wie sein Bruder Theobald. — Nun geht hinab, gute Männer. Ich habe meinem Knappen befohlen, euch einen Imbiß zu geben; dann könnt ihr weiter wandern. In vier Stunden seid ihr auf der Falkenburg.

Wolf.

Gott vergelt' euch die Milde, edle Frau; aber wir hätten noch ein Anliegen. Wir sind der Gegend hier unkundig und möchten doch noch vor sinkender Nacht nach Falkenburg gelangen.

Dietrich.

Wolltet Ihr nicht so gnädig sein, uns den Weg zeigen zu lassen?

Rosalinde.

Das kann gern geschehen. Mein Caspar soll mit euch gehen, bis zum Fußpfade, von wo aus ihr auch ohne sein Geleit vom Wege nicht mehr abirren könnt.

Dietrich.

Der Himmel lohn' euch, edle Frau, was Ihr an armen Pilgern Gutes gethan.

Rosalinde.

Und grüßt mir Ritter Theobald freundlichst, und auch dessen Frau und Fräulein. Ich hoffe, sie bald bei mir zu sehen. Lebt wohl! (ab.)

Wolf.

Alles geht gut. Zum Scheine lassen wir uns den Weg zeigen. Unsere Leute erwarten uns im Tannenthal, wo der Pfad vorbeiführt.

Dietrich.

Laß uns gehen. Heute Nacht schon soll die Falken= burg in Flammen stehen. (Beide ab.)

Verwandlung.

Felsiger Waldgrund.
Schnauz. Rothaug und andere Räuber.

Rothaug.

Der Dieter und der Wolf lassen lange auf sich warten; 's ist schon Mittag.

Schnauz.

Ei, 's ist noch Zeit; zwei Stündlein sind nach Falkenburg. Wenn sie nur dort vor Nacht Eingang finden. Mittlerweile haben wir uns mit den Andern beigeschlichen und um Mitternacht kann sich das Pförtlein öffnen.

Rothaug.

Ich denke, 's geht. Steht doch Einer auf der Lauer? denn sie könnten etwa nit allein des Weges kommen und da müßen wir uns bergen.

Schnauz.

Dafür ist gesorgt und wir können nicht überrascht werden.

Rothaug.

Freu' mich schon höllisch, wenn heute noch der wackere Herr Theobald unser wird.

9

Schnauz.

Und die edle Frau Ottilie, und das zarte Fräulein.

Rothaug.

Das gibt gute Geißeln. Den Ritter hängen wir auf und für das Frauenvolk muß die Sipp= schaft uns schwer Geld geben. Herzbruder! mich durst's Hast keinen Trunk zur Hand.

Schnauz.

Da ist noch ein Schluck Rheingauer in meiner Flasche, ein Restlein aus dem Klosterkeller.

Rothaug.

Her damit! Heut wollen wir aus des Falken= burger Keller trinken.

Schnauz.

So nimm! laß mir aber noch einen Tropfen, daß ich meine Gurgel netze vor dem Abendstrauß. — Holla da rührt sich was!

Ein Räuber (eilt herein.)

Still! sie kommen, aber 's ist noch ein Dritter dabei.

Rothaug.

Aufgepaßt! Wir legen uns dahinten in die Büsche.

Schnauz.

Fort, fort! Seid Alle fein still, bis wir wissen, woran wir sind.   (Alle ab.)

Dietrich, Wolf und Casperl treten ein.

Dietrich.

Da wär' ein hübscher Platz zur Rast.

Wolf.

Ich wär dabei, 's ist schattig und die Sonnen=hitze hat uns warm gemacht.

Casperl.

Und ich bin auch dabei; denn beim Schlafen bin ich alleweil gern, besonders wenn man Nix z' essen und z' trinken hat, wie im vorliegenden Fall. Ich leg mich gleich da vorn hinter den Boschen.

Dietrich.

Und wir wollen dort unter den Bäumen ru=hen. Ein halb Stündchen; dann setzen wir unsern Weg fort.

Casperl (legt sich vorn an einen Strauch hin.)

(für sich.) Na' — schlafen mag ich net; denn ich trau den zwei Kerls nit. Fromme Pilger wollen's sein? Das glaub' ich nit; denn wie der Eine unterwegs sein' Kutten ein bißl gelüft' hat, so daß er gemeint hat, ich sieh's nit, hab' ich en

9*

blanken Brustharnisch 'raus glitzern seh'n, und der Andere hat einen Dolch versteckt. Spitzbub'n sind's — so viel weiß ich. Jetzt thu' ich aber, als wenn ich eingeschlafen wär; vielleicht kann ich was erspekuliren.

Dietrich (mit Verstellung, indem er sich hinlegt.)
Ha, 's thut wohl, ein bißl zu ruh'n. Kamerad, schlaf'st schon?

Wolf.
Fallen mir schon die Augen zu.
(Casperl schnarcht) Ah, der schnarcht schon.

Dietrich.
Schnarcht er? — Pst! pst! wo sind die Andern? (steht vorsichtig auf) pst! pst!
(Rothaug und Schnauz treten still aus dem Hintergrund.)

Dietrich.
Nur still! der da vorn' schläft. Paßt auf:
(Casperl lauscht, vom Strauche verdeckt, unbemerkt.)

Rothaug.
Nur rasch! was gibt's zu thun?

Dietrich.
Ihr alle brecht schnell auf gen Falkenburg; dort in den Waidenbüschen am Fuß des Berges lagert euch heimlich. Ich und Wolf — wir finden als

Pilger Eingang und Herberge. Schlag 11 Uhr —
ihr hört's vom Thurm — öffnen wir euch das
Seitenpförtlein.

Casperl (voll Furcht und zitternd).

Prrrr!

Wolf.

Wer rührt sich da? (Casperl duckt sich und schnarcht
weiter) 's ist der da vorn, der schlaft wie 'n Sack,
hat vermuthlich geträumt.

Dietrich.

Wir zwei überwältigen leicht den Knappen am
Thor, bis die andern Knechte erwachen, haben wir
den Ritter selber gebunden. Seid ihr drinnen — so
haben wir's gewonnen.

Rothaug.

Gut ist's; wir wollen's schon gescheit angehen.
Schleichen uns zwischen den Felsen zu rechter Zeit
hinauf.

Wolf.

Habt nur Acht, daß das Eisenzeug nicht raßelt.
Schnallt die Schwerter fest, oder tragt sie in der
Faust.

Dietrich.

Vergeßt mir die Pechkränze nit. Feuer ist bald
gemacht und haben wir, was kostbar ist, in Si=

cherheit, so soll der rothe Hahn auf dem Dache mit den Flügeln schlagen.

Casperl (für sich).

Ah, ah! das ist aber eine Bagaschi; das sind Hallunken! Ich mach, daß ich fortkomm'!

Dietrich.

Also an's Werk, wann's Zeit ist. Jetzt zieht ab.

Rothaug.

Habt keine Sorg; 's ist nit unser erster Streich.

(ab mit Schnauz.)

Wolf.

So, jetzt können wir den Burschen wecken.

Dietrich

(thut als ob er vom Schlaf aufstünde.)

Heda, Bursch! 's wär an der Zeit. Das Schlafen hat dir geschmeckt; hast geschnarcht wie 'n altes Thurmfähnlein.

Casperl (schüttelt sich).

Prrr! Auweh, darf ich nimmer schlafen?

Wolf.

Wir wollen fort; kommen sonst zu spät auf die Falkenburg.

Casperl (immer vor Angst zitternd und stotternd.)

Ja, ja– da– das versteht sich. Wi– wi– wir

kommen sonst ni– ni– nimmer zur rechter Zeit nach
Fa– Fa– Falkenbu– bu– burg.

Wolf.

Was zitterst und schnatterst du denn, Bursche?

Casperl.

O, ich zi– zitter und schna– schna– schnatter
gar nit.

Dietrich.

Du hast ja Angst und bebst wie Espenlaub?

Casperl.

Na, na, na ich be– be– beb nicht im Mindesten.

Dietrich.

Brauchst ja keine Angst zu haben.

Wolf (bei Seite zu Dietrich).

Sollte der Kerl was erlauscht haben?

Dietrich.

Das wär' des Teufels! — (zu Casperl) Bursche,
laß dir was sagen. (Zieht den Dolch) Siehst du den
blanken Stahl?

Casperl (auf die Kniee fallend).

O ich bitt, ich bitt! Ich weiß gar nichts! ich
bin unschuldig; ich hab nix gseh'n und nix ghört.

Dietrich.

Ich will's hoffen — sonst! (mit dem Dolch drohend) jetzt merk dir's. Wir bedürfen des Wegweisers nicht mehr; denn wir finden allein auf die Falken=burg. Du kannst heim geh'n.

Wolf.

Wir danken für deine Mühe.

Casperl.

O ich bitt, ist recht gern gescheh'n, außerordent=lich gern. Im Gegentheil ich bitt um ihren Se=gen, denn Hochdero sind ja fromme Pilger.

Dietrich.

Unsern Segen kannst du haben; der soll dich wieder heimgeleiten. Verstehst du? und der ed=len Frau Rosalinde entrichte unsern ergebenen Gruß, und die frommen Pilger — verstehst du? — (droht mit dem Dolche) laßen für die gnädige Herberg und Geleitgebung danken; hörst du? — und die frommen Pilger sagen dir jetzt: gehe still nach Haus und halte deine Zunge im Zaum; sonst könnten dir die frommen Pilger einmal einen absonderlichen Segen geben. (mit dem Dolche drohend) So — und jetzt fahre ab.

Casperl.

Hab' Alles verstanden. Ich wünsch' glückliche Reis! (läuft davon)

Dietrich.

Ha, ha, ha! das war 'n Spaß mit dem Hasenfuß. Ich wette, der läuft in Einem Athemzug bis Hohenburg aus Angst und Schrecken.

Wolf.

Wenn der Kerl aber plaudert, so sind wir verrathen.

Dietrich.

Und wenn auch? was thät's? Es ist nicht mehr die Zeit dazu, daß Ritter Theobald von der Hohenburgerin gewarnt werde oder gar daß sie ihm irgendwoher hinter unserm Rücken her Hülfe zubrächte.

Wolf.

Hast recht! aber laß uns aufbrechen, damit wir noch bei Zeiten auf Falkenburg kommen.

Dietrich.

Ja, Bruderherz. Diese Nacht wird's wieder'n Fest für uns geben und dem edlen Herrn Theobald soll's bald vergehen, daß er uns nit gewähren läßt. Komm, gehn wir! (Beide ab.)

Ende des zweiten Aufzuges.

III. Aufzug.

Zimmer auf Hohenburg (wie im zweiten Aufzuge.)

Frau Rosalinde. Emma.

Emma.

Wo nur der Caspar so lange bleibt. Er könnte längst wieder zurück sein.

Rosalinde.

Ei, weißt ja, daß der gute Pursch entweder plaudert, trinkt oder schläft. Vielleicht hat er sich auf dem Heimweg unter einen Baum gelegt und schläft bis ihn die Nachtluft weckt oder —

Emma.

Er sitzt in der Waldschenke und plaudert bei einem Becher Neckarwein mit dem alten Hans. — Was wird wohl meine liebe Agnes jetzt machen?

Rosalinde.

Sie wird mit Frau Ottilie im Ziergärtlein sitzen, etwa spinnen oder sonst was arbeiten.

Emma.

Und Ritter Theobald wird vielleicht auf die

Jagd geritten sein und einen schönen Hirsch er=
legen.

Rosalinde.

Ja wohl! wie mein guter Adalrich auch that.
Wie freuten wir uns immer auf seine Heimkehr!

Emma.

Wie oft brachte mir der liebe Vater einen
schönen Strauß Waldblumen heim, oder seine
Jagdtasche voll süßer Beeren! Der gute Vater!
Wir haben ihn nicht mehr!

Rosalinde.

Der liebe Gott hat ihn zu sich gerufen und in
seinen heiligen Willen haben wir uns zu ergeben.
Danken wir ihm aber auch, daß er uns an Ritter
Theobald einen so wackeren Freund und Schutz=
herrn gegeben hat.

Casperl, tritt noch zitternd eiligst ein.

Emma.

Ah, da kömmt der Caspar!

Casperl.

Da — da — da bin ich! Ja da — da — da bin ich.

Rosalinde.

Was hast du denn? Du bist ganz außer
Athem und zitterst.

Casperl.

Glaub's gern! Da soll Einer nit bittern und
zeben. Ich bin schon halb verstochen und zermalmt.

Rosalinde.

Oho? was ist dir denn geschehen?

Casperl.

Furchtbar! furchtbar! erschrecklich! unerhört!
grausam! mörderisch! cannibalisch — —

Rosalinde.

Nun — nun! Du bist ja doch noch am Leben.

Casperl.

Ja aber wie? Wenig hätt's gfehlt, so wär'
ich maustodt nach Haus gloffen.

Emma.

So sag einmal: Was ist's denn eigentlich?

Casperl.

Ja, das geht nit so gschwind. Das ist eine
fürchterliche Geschicht von einer Gschicht.

Rosalinde (mit ungeduldig.)

Nun so komm' zum Zweck!

Casperl.

Ja, nit Zweck, sondern Zwick, Zwick hätt's
bald gheißen. O gnädige Frau! das war eine

Lebensgfahr, die ich ausgstanden hab! Das wär'n mir die rechten Pilger! Die frommen Männer sind Spitzbub'n! Räubergsindel! Heut Nacht wolln's dem Herrn Ritter Theobald seine Burg abbrennen!

Rosalinde.

Gott im Himmel! wär's möglich!

Casperl.

Ja nicht nur möglich, sondern gwiß. Die Pilger wollen den andern saubern Kameraden in der Nacht 's Thor aufsperren. Nacher wird zuerst Alles umgebracht und abgemurt, nachher was nit umgebracht worden ist Alles gstohlen und g'raubt, und zum Schluß wird das Uebriggebliebene in Feuer aufgeh'n! Und mich haben's auch schon halb abgemurt (in tragischem Tone) Die Spitze des mör= derischen Dolches war schon gegen meinen Busen gekehrt und ich wäre ein Opfer räuberischer Blut= gier geworden, hätte mich nicht meine Geistesge= genwart, mein energischer Muth, meine Kouraschi gerettet; denn ich bin gleich davongloffen.

Emma.

Aber wie hast du das schreckliche Vorhaben er= fahren?

Casperl.

Gfahren sind wir nit, aber dag'legen sind
wir im Wald und da haben die Spitzbub'n ge=
meint, ich schlaf', und haben die Spitzbuberei mit=
einander ausgemacht. So — jetzt wissen S' Alles.

Rosalinde.

Erschreckliches Vorhaben! Ritter Theobald und
die Seinen sind also verloren. Es ist zu spät sie
zu warnen.

Emma.

Schon wird's Abend. Ein Bote würde Falken=
burg nicht mehr erreichen; und wenn auch — die
Außen heimlich Gelagerten würden ihm wohl am
Zutritt hindern. O weh, weh!

Rosalinde.

Ich möchte verzweifeln! die Armen nehmen in
diesem Augenblick vielleicht die verrätherischen Pil=
ger gast.ich auf und haben von ihren schauderhaf=
ten Absichten keine Ahnung.

Emma.

O Mutter, Mutter — was anfangen?

Casperl.

Anfangen? — Ja was ist da anzfangen?

Ich hab' en Höllendurst von der körperlichen und geistigen Anstrengung; ich muß trinken!

Rosalinde.

Geh, geh — laß uns allein, unausstehlicher Bursch!

Casperl.

Ghorsamer Diener; wenn's was brauchen, so bin ich gleich wieder da.   (ab.)

Emma.

Liebe Mutter; du bist eine so kluge Frau, fällt dir denn Nichts ein, unsere Freunde zu retten?

Rosalinde.

Du selbst hast ja der Unmöglichkeit erwähnt, sie vor der nahen Gefahr zu warnen. Nichts bleibt uns, als uns zum himmlischen Vater zu wenden, und zu beten. Vielleicht sendet er uns ein Mittel.

Emma (auf den Knieen.)

O lieber Gott, lieber Gott hilf uns! Schick' uns Rath und Trost, den Edlen zum Heil!

(Die Taube, welche in einer Ecke des Zimmers gesessen, fliegt auf Emma's Hand.)

Die Taube, die Taube!

Rosalinde.

Gott hat dein Gebet erhört! Sie kann zum Rettungsmittel werden.

Emma.

Wie so, liebe Mutter?

Rosalinde.

Es ist bekannt, daß die Tauben, losgelassen von einem ihnen bekannten Orte zum anderen fliegen. Vielleicht fliegt sie in ihre alte Heimath nach Falkenburg zurück.

Emma.

O, wär' es so! Ich könnte ihr ein Brieflein an den Hals befestigen, welches die Warnung enthielte.

Rosalinde.

Recht, liebe Emma, also thu's. Schreibe rasch ein Zettelchen und laße das Täublein fliegen.

Emma.

So schnell als möglich soll's geschehen und wenn das Thier hoch in Lüften schwebt, wird es wohl bald seiner lieben ehemaligen Herrin, meiner guten Agnes zufliegen; und eine Taube fliegt in kurzer Zeit hinüber.

Rosalinde.

So kann die Warnung noch rechtzeitig ankommen. Gott schütze unser Unternehmen.

(Beide ab.)

Easperl (tritt ein.)

Nun sind die Hungrigen gstillt und die Dur=
stigen gelöscht. Ein halbes Pfund Käs ruht wohl=
versorgt in meinem Magen und schwimmt auf ei=
nem künstlichen Weiher, den ich durch ein paar Maß
Flüßigkeit angelegt hab. Jetzt weiß ich aber nit,
löst sich der Käs im Wein auf oder verschluckt Er=
sterer den Letzteren. Vielleicht legt sich der Wecken
Brod in's Mittel, den ich auch verschlungen hab.
Jedenfalls ist mein Magen so ein fleißiger Kerl,
daß ich auf seine Bereitwilligkeit zählen darf, für
das ihm Anvertraute gewißenhaft zu sorgen. Ich
behaupt' halt fest, daß der Mensch mit seinem Ma=
gen der Mittelpunkt von der ganzen Welt ist. Ein
Mensch ohne Kopf, der kann noch leben; denn wie
oft sagt man: „der hat kein' Kopf, der ist kopf=
los, der ist hirnlos" und doch geht er noch dabei
'rum, der dumme Kerl. Allein das hab' ich noch
nie ghört, daß man von einem Menschen sagt:
„der hat kein' Magen. Beweis also, daß der
Magen die Hauptsach' ist; denn wenn man nir
mehr ißt oder trinkt — nachher ist die Comödi
aus. Mit solchen Betrachtungen vertreib ich mir
oft die Zeit. Schad, daß ich nit schreiben kann;

aber das können ja sogar die wenigsten Ritter — also warum soll's nachher der Casperl glernt haben? Jetzt will ich aber doch nach der gnädigen Frau schau'n, ob's mir braucht. Und wenn's mir braucht, so leg ich mich auf's Ohr. (ab)

Verwandlung.

Zwinger auf Falkenburg, (wie im I. Aufzuge.)
(Ritter Theobald tritt mit den zwei Pilgern ein.)

Theobald.

Ihr habt mir freilich keine gute Botschaft gebracht, aber darum seid nit minder willkommen und liebe Gäste. Mein armer Bruder ist also todt! 's ist mir nur Eins dabei leid, daß er nicht im Kampfe gegen die Ungläubigen gefallen, sondern auf elendiglichem Siechbette sterben mußte.

Dietrich.

Aber, edler Herr, er hat das Seinige doch gethan. In vielen Kämpfen hat er das Kreuz vertheidigt und seinen edlen Leib deckte manche Wunde, die er im Streit wider die Erzfeinde erhielt.

Wolf.

Hab oft neben ihm im Schlachtgetümmel ge=
standen. Einmal hieb er einen Türken mitten durch
und durch vom Sattel seines Rößleins herab. Hab's
selbst mit eigenen Augen gesehen.

Theobald.

Er führte einen guten Hieb und sein Arm war
stark.

Dietrich.

Ueberall war er vornbran auf seinem lustigen
Schimmel; überall war er der erste, wenn's galt.

Theobald.

Schade um sein theures Leben! doch — wie
Gott will! Nun ist er selig verstorben. — Aber
Ihr werdet müde sein. Ihr bleibt doch die Nacht
bei mir. Ein gutes Lager sollt ihr finden und
jetzt geht da hinein in die Kellerstube; man wird
Euch den Imbiß geben.

Dietrich.

Wenn Ihr erlaubt, edler Herr, so wollen wir
Eurer freundlich Herberg genießen und morgen mit
dem frühesten wieder aufbrechen. (Die Pilger ab.)

Theobald.

's wird schon spät. Die Sonne ist längst hin=

10*

unter. Ich will zu den Frauen geh'n zum Nacht=
mahl. Mein armer Bruder! wo bist du jetzt
wohl? Gewiß im gelobten Lande da oben, bei
den edlen Rittern und Heiligen, die für Gottes
Wahrheiten gekämpft und gestritten haben und zu
Gottes Ehre gefallen sind, um wieder aufzustehen
zur ewigen Herrlichkeit.

Agnes (eilt herein die Taube auf der Hand.)

Vater, Vater! da sieh! Eben flog mein Täub=
lein durchs Fenster zu mir herein und hat ein Zett=
lein am Halse gebunden.

Theobald.

Ei, vermuthlich mit fröhlicher Botschaft von
deiner Freundin Emma! Gutes Thier! hast den
Weg wieder heimgefunden. Da könnt ihr Mäd=
chen euch Botschaft hin und hersenden, wie ihr wollt.

Agnes.

Wunderbar, wie klug doch so ein kleines Thier
ist! Da ist der Zettel; liest selbst, lieber Vater.

Theobald.

Laß sehen! Kaum ist's noch hell genug zum
lesen: (er öffnet den Zettel und liest.)

"Gott zum Gruß! möge das Täublein den
"Weg zu Euch, Ihr Lieben, gefunden haben.

„Habt Acht! die beiden Pilger, die Ihr jetzt
„wohl schon beherbergt, sind verkleidete Raub-
„gesellen. Sie wollen in dieser Nacht, wenn
„Ihr im Schlafe liegt, ihre Genossen in die
„Burg einlassen, Euch bewältigen, ermorden
„und Falkenburg in Brand stecken. Gott schütz'
„Euch! Eure Getreuen, Rosalinde und Emma
„auf Hohenburg."

Schändlicher Verrath! — Gott sei gelobt für
die Warnung, für die Rettung!

Emma.

Herr im Himmel! in welcher Gefahr schweb-
ten wir!

Theobald.

Nur still, Emma! laß dir nichts anmerken.
Geh zur Mutter; bleib mit ihr im Kemmenat.
Ich werde jetzt alles anordnen. Zunächst sollen
die beiden Mordbuben gebunden werden; und die
Andern werden wir Nachts schon gehörig empfangen.

Emma.

Welche Angst habe ich, lieber Vater!

Theobald.

Brauchst nit Sorge zu haben; 's wird Alles
gut geh'n! dem Täublein aber binde ein Zettelchen

um, in welchem die Kunde geschrieben, daß wir die
Warnung erhalten und Gott danken und den Freundinnen. Dann laß es wieder fliegen, damit es
wieder nach Hohenburg schwebe. (Beide ab.)

(Dietrich und Wolf kommen aus der Kellerstube.)

Wolf.

Der Trunk war gut, Herzbruder!

Dietrich.

Hat mir auch geschmeckt; morgen aber soll er
uns noch besser munden, wenn wir Herren im
Keller sind.

Wolf.

Noch ein paar Stunden — und der Tanz geht los.

Dietrich.

Wenn Alle schlafen, schleichen wir uns in's
Stüblein des Thorwarts. Der ist bald abgemurxt.
Dann das Seitenpförtlein geöffnet für die Andern
draußen. Hab schon einen Pfiff vorher gehört,
das Zeichen, daß sie unten in den Büschen lagern.

Wolf.

Aber wie kommen wir zuerst aus unsrer Schlafkammer?

Dietrich.

Ist ja zunächst da drüben und die Thür geht

gleich in den Zwinger heraus. Aber jetzt laß uns
wieder hineingehen, damit sie nichts merken. Trink
den Knechten nur tüchtig zu. Der edle Herr Theobald laßt's heute den frommen Pilgergästen zu
Ehren nicht an Wein fehlen. Ha, ha, ha! wüßt'
er, wie's mit ihm steht, würd' er freilich aus einem andern Fäßlein zapfen!

(Theobald stürzt mit einigen Knechten herein, die über die Pilger
herfallen.)

Theobald.

Und ihr, Halunken, wißt nicht, wie's mit Euch
steht.

Dietrich und Wolf (höchst betroffen.)

Was gibts, was wollt Ihr von uns?

Theobald (zu den Knechten).

Legt sie in Fesseln und werft sie in's tiefste
Verließ. Hab ich euch, fromme Pilger? Her mit den
Dolchen, die ihr verborgen habt und stille, keinen
Lärm gemacht, damit Eure sauberen Gesellen draußen
nichts hören — oder ihr werdet zur Stelle nieder-
gemacht!

Dietrich.

Verflucht! jetzt ist's zu End' mit uns!

Theobald.

Ich kenne dich, trotz deines falschen Bartes,

Spitzbube; du bist der schwarze Dietrich. Der Krug
geht zum Brunnen bis er bricht. Fort mit euch!
Morgen werd' ich Gericht halten über euch kraft
des mir von Kaiserlicher Majestät verliehenen
Rechtes, Urtel zu sprechen über Eures gleichen; und
die Abendsonne bescheint wohl den Galgen an dem
ihr baumelt. Fort in's Verließ!

(Knechte führen den Dietrich und Wolf ab.)

Theobald.

Das Eine wäre geschehen und das Zweite soll
nicht mißlingen.

(Ottilie und Emma stürzen herein.)

Ottilie.

Sie sind gefangen!

Theobald.

Und morgen gehangen!

Ottilie.

Gott sei gelobt für die Rettung.

Theobald.

Fürwahr! 's ist beinah ein Wunder! Aber jetzt
geht ruhig in die Schlafkammer.

Fürchtet euch nicht. Wenn's an der Zeit ist,
soll das Pförtlein geöffnet sein und die Raubge=

ſellen werden von meinen Knechten empfangen wer=
den, wie's ihnen gebührt.

Emma.

Und morgen, nicht wahr, lieber Vater, dürfen
wir gen Hohenburg reiten, um unſern Freundinnen
zu danken.

Theobald.

Gewiß, liebes Kind! und vor Allem ſoll auch
das Täublein geehrt ſein; denn wie einſt eine
Taube dem Noah Rettung verkündet, ſo hat ſie
auch uns heute den Oelzweig der Rettung gebracht.

Der Vorhang fällt.

IV. Aufzug.

Zimmer auf Hohenburg.

Die Taube sitzt in einem Käfig.

Casperl.

O du allerliebstes Thierl? Jetzt bist auch schon wieder bei uns da. Du bist ja so gscheid wie a Mensch. Gestern bist mit en Brief nach Falkenburg gflogen und heut früh bist schon wieder bei uns gwesen, auch mit am Zetterl um dein Kropferl:

Lied.

Ja, wenn nur ich so Täuberl wär,
Ich flög halt allweil hin und her,
Von einem Wirthshaus zu dem Andern
Könnt' ohne müd zu werd'n ich wandern.

Zwei Flügel'n stunden mir nit schlecht,
Die wären grad fürn Casperl recht,
Ein Flügel hint' der andre vorn',
Und mitten drin zwei lange Ohr'n.

So' a Vogel müßt' den Leuten all'n
Als Rarität besonders gfall'n,
Ich flög ganz taubensanft gebulbig
Und blieb die Zechen überall schuldig.

Denn, wenn es hieß: „jetzt Casperl zahl,"
So flieget ich halt jedes Mal
Zum Fenster 'naus als wie die Tauben
Grad übern Wirth sein' Zipfelhauben!

Weil ich aber keine Tauben bin und auch nit
zwei Flügel hab, sondern nur zwei Füß, die sogar
gewöhnlich etwas bleiern sind, wenn ich aus 'm
Wirthshaus geh, so trifft mich immer die Unan=
nehmlichkeit, daß ich meine Zech zahlen muß oder,
wenn nicht, daß ich meine Tracht Schläg krieg,
an die aber mein Buckl schon so ziemlich gewohnt
ist. No, ich bin nur froh, daß aus der grausamen
Gschicht beim Ritter Falkenburg nix word'n ist und
daß die ganze Räuberbagage ihren Theil kriegt hat.

Jetzt woll'n wir aber e bißl in den Keller
schau'n! Ich hab die Tauben futtern müssen, bil=
ligermaßen darf also derjenige welcher auch nach
seinem eigenen Futter schau'n!   (ab.)

Rosalinde und Emma.

Emma.

Wie glücklich bin ich, liebe Mutter!

Rosalinde.

Und wie zufrieden bin ich, liebes Kind, daß
die Taube zu rechter Zeit nach Falkenburg kam!

Emma.

Und uns am frühesten Morgen schon die Bot=
schaft zurückgebracht, daß der schändliche Anschlag
des schwarzen Dietrichs und seiner bösen Gesellen
vereitelt wurde.

Rosalinde.

Ja, Gott sei es gedankt. So eben brachte mir
ein reitender Bote auch noch die freudige Nachricht,
daß Frau Ottilie mit Agnes diesen Mittag zu uns
reiten werden, daß sich's aber der edle Ritter Theo=
bald vorgenommen, diesen Morgen noch mit seinem
Troß gegen Ulrich von der Wart auszuziehen, um
ihn wegen des Unrechtes zur Rede zu stellen, das
er gegen mich auszuführen vor hat.

Emma.

Der herrliche, edle Mann! Wolle Gott sein
gerechtes Vorhaben schützen!

Rosalinde.

Er wird es! Er wird den Verfechter einer so

gerechten Sache, wie die meine ist, nicht besiegen
lassen. Dieß ist mein festes Vertrauen. Laß uns
aber in die Kapelle geh'n, um im innigsten Ge=
bete den lieben Gott anzuflehen, daß der edle Rit=
ter Theobald unversehrt den Kampf mit Ulrich von
der Wart bestehe.

Emma.

Ja, liebe Mutter; ich will von Herzen beten.

Rosalinde.

Dann bereite Alles zum fröhlichen Empfange
der Frauen, daß sie guten Imbiß bei uns finden.

Emma.

Wie du befiehlst, liebe Mutter

(Beide ab)

–––– –– – ·

Verwandlung.

Freie Gegend vor der Burg Hohenwart.
Burgthor mit Mauern umgeben.

Ritter Theobald, geharnischt, tritt mit Reisigen ein. Ein Knappe
mit einem Hüfthorn.

Theobald.

Wohlan, hier bin ich nun, Recht zu üben über

einen Frevler. Sollte Ulrich nicht auf den Zwei=
kampf eingehen, zu welchem ich ihn fordere, so
seid bereit auf das Schnellste meine Befehle zu
vollziehen. Auf mein Zeichen sollen zwanzig Knechte
vom Rücken her die Burg ansteigen. Pechfackeln
werft in die große Scheune links drüben. Acht=
zehn Knechte greifen zur linken an, und ich an
eurer Spitze will dieses Thor berennen. Die an=
dern zwölf mögen sich vertheilen, um dort beizu=
springen, wo Gefahr ist. Jetzt, Bobo, stoß in's
Hüfthorn.

Knappe tritt gegen das Burgthor und stößt in's Horn. Hornruf aus
der Burg als Antwort; bald darauf erscheint der Thurmwart auf
den Zinnen.

Thurmwart.

Wer stößt in's Horn und ruft mich auf die
Warte?

Theobald.

Ich bin es: Ritter Theobald von der Falkenburg,
deinen Herrn, Ritter Ulrich von der Wart schweren
Unrechts anzuklagen, das er gegen die Hohenburgerin
im Schilde führt.

Thurmwart.

Ich muß die Botschaft meinem Herrn bringen,
daß er euch darauf antworte. (verschwindet von der Zinne.)

Theobald.

Geh, geh! sag's deinem Herrn! Es drängt mich, dem Elenden seine Schmach in's Gesicht zu sagen. — Hört's: Sollte ich im Zweikampfe fallen, so thut dennoch was ich euch vorher befohlen habe. Steckt die Burg in Brand und rächt mich!

(Ritter Ulrich erscheint auf den Mauern.)

Ulrich.

Hier bin ich, Falkenburger! Was willst du von mir?

Theobald.

Der Wittib von Hohenburg will ich ihr gutes Recht verschaffen, die du auf schmähliche Art bedrängst und um ihr Eigenthum bringen willst.

Ulrich.

Ich will nur, was mir gebührt.

Theobald.

Nichts gebührt Dir von der Hohenburgerin Gut und Land. Zeuge war ich selbst, wie das Reichsgericht Dich zu Recht verwies und das Eigen der Hohenburgerin frei erklärt. Aber die Urkund davon ließest Du durch einen treulosen Diener der verlassenen Wittib vernichten oder stehlen. Das ist eines Ritters unwürdig. Wenn Du aber nicht ab=

lassen willst von schmählichem Vorgehen in dem schlechten Handel, so mögest Du zuvor mit dem Schwert kämpfen in ritterlichem Zweikampf mit mir.

Ulrich.

Laß Dein Schwert in der Scheide! Was immer Ulrich von der Wart thun will, das ist seine Sache. Was geht Dich der Handel an, den ich mit der Hohenburgerin hab?

Theobald.

Darum geht's mich an, weil ein ehrlicher Ritter sich der armen Wittwen annehmen soll, um ihnen ihr gutes Recht zu verschaffen. Unter dem blauen Himmel da werf ich Dir den Handschuh hin und fordere Dich Ritter Ulrich von der Wart auf Leben und Tod zum Kampfe. (wirft den Handschuh hin.)

Ulrich.

Ich hebe Deinen Handschuh nicht auf. Was soll ich um eitel Thorheit streiten; besser ist's, daß demnächst meine Knechte auf Hohenburg einkehren, wenn die stolze Frau Rosalind sich nicht fügen will.

Theobald.

Elender! Schande ist's, daß Du den edlen

Namen deiner Vorfahren trägst; du bist einem schlechten Wegelagerer gleich; einen Raubdieb muß ich dich schelten und zu viel Ehre hätte ich dir angethan, wenn dich mein Schwert berührt hätte. Du gehörst an den Galgen.

Alrich.

An deiner Predigt liegt mir wenig. Komm ein andersmal, wenn du willst. Ich gehe zum Mittagstrunk und laß mir's einstweilen munden. Gott befohlen! (verschwindet von der Mauer.)

Theobald.

Gift in deinen Becher und Galle in deinen Imbiß! Auf, ihr Knechte, an's Werk!
(Der Knappe stößt in's Horn.)
(Theobald führt die Reisigen gegen die Burg, welche zu brennen anfängt.)

Verwandlung.

Zimmer auf Hohenburg.

(Fr. Rosalinde. Fr. Ottilie. Agnes und Emma treten ein.)

Rosalinde.

Tretet ein, edle Frau. Wie freue ich mich, Euch und Agnes als liebe Gäste zu begrüßen.

11

Ottilie.

Was müssen wir Euch Alles danken! Eure Klugheit und Theilnahme hat uns gerettet. Ohne Euch hätten wir diesen Tag nicht mehr erlebt oder wären den schändlichen Räubern preis gegeben.

Agnes.

Mein Vater wäre verloren, all unser Liebstes zerstört oder geraubt!

Emma.

Das habt Ihr zunächst dem klugen Täubchen zu danken; denn hätte dieß nicht den Weg zu Euch gefunden, so hätten wir mit dem besten Willen doch nichts vermocht.

Rosalinde.

Was Täubchen! — Hätte der liebe Gott uns nicht den Einfall gesandt, hätte Er nicht den Flug der Taube gelenkt, so wär't Ihr zum Opfer gefallen. Auf die Mittel kömmt's nicht an; wir waren nur das Werkzeug der göttlichen Führung, die Alles zu unserm Beßten lenkt. Aber wir sind noch nicht am Ende; denn um meinetwillen hat sich Euer edler Gemahl — kaum einer Gefahr entronnen — in eine neue begeben. Während,

wir hier glücklich Ueberstandenes besprechen, schwebt
vielleicht des Feindes scharfes Schwert über seinem
Haupte!

Ottilie.

Dergleichen sind wir Rittersfrauen ja gewohnt,
wie oft zieht Theobald aus und läßt mich in der
Herzensangst zurück, ob er wieder lebend heimkehre
oder ob sie ihn, eine Leiche — mir wiederbringen.

Agnes.

Aber dießmal, Frau Rosalinde, ist's als ob ein
Engel uns alle Bangigkeit genommen hätte. Mein
Vater wird siegen, Euch zu lieb, edle Frau, die
I h r u n s gerettet habt.

Rosalinde (tritt ans Fenster.)

Seht! dort ragt der Thurm der hohen Warte
aus dem Tannengrün heraus. Auf dem nächsten
Pfade reitet Einer in einem halben Stündlein hinüber und darum bin ich ja keines Augenblicks sicher,
daß der böse Ritter Ulrich mich überfällt.

Ottilie.

Wohl ist Euch die Gefahr nahe; denn dort
haust ja der Wolf in seiner Höhle. Doch wie?
seht Ihr nichts? da steigt ja Rauch auf!

(Die Mädchen eilen auch zum Fenster.)

11*

Agnes.

Ihr täuscht Euch nicht! Ein dicker starker Qualm wirbelt hoch auf!

Emma.

Die Hohenwarte steht in Flammen!

Rosalinde.

Herr im Himmel! schütze meinen Theobald!

Agnes.

O seht, wie des Thurmes Dach schon lichter= loh brennt!

Ottilie.

Dort sprengt ein Reiter aus dem Walde heraus!

Agnes.

S' ist einer von den Unsrigen! ich erkenn' ihn an der weißen schwankenden Feder auf der Blech= haube.

Emma.

Er kömmt näher und schwingt ein Tüchlein.

Agnes.

Hannes ist's, des Vaters Leibknappe!

Ottilie.

Schon ist er da! Er wirft sich vom Gaul und führt ihn hinter sich über die kleine Brücke in den

Zwinger. Ihr Heiligen im Himmel! was wird ge=
scheh'n sein?

Rosalinde.

Seid getrost, Frau Ottilie; wär's nicht freu=
dige Botschaft, so hätt' er kein Tüchlein in Han=
den geschwenkt.

Hannes (tritt rasch ein).

Frohe Botschaft, ihr edlen Frauen! Ulrich von
der Wart ist zur Hölle gefahren! Unser theurer
Ritter aber wird gleich hier sein.

Die Frauen (Die Mädchen fallen auf die Kniee.)

Gott sei gepriesen!

Ottilie.

Erzähle rasch: wie war's?

Hannes.

Als mein Herr vor die Warte zog und den
Ulrich auf die Zinnen rief, forderte er ihn zum
Kampfe auf Leben und Tod. Aber der von der
Warte höhnte den edlen Ritter Theobald und ließ
sich nicht an. Da stürmten wir gen die Burg
von allen Seiten. Die drinnen wehrten sich gut
auf den Mauern; da aber der rothe Hahn durch
die Unsern einmal auf's Dach gesteckt war und es

von zwei Seiten hell aufloderte, ging's bald beſſer;
denn ein Theil von ihnen wollte das Feuer lö=
ſchen. Mittlerweil ſprengten wir ein Pförtlein.
Nun war's vorbei. Ritter Theobald ſprang gleich
über die innere niedere Mauer, wir nach. Ulrich
fiel aus einem Hinterhalt über den Ritter her; der
war aber gefaßt und gab ihm mit dem Schwert
eine ſo blutige Maulſchell, daß Ulrich umſank und
ſeine Seele zum Teufel fuhr, ſo Gott will. Da
ward's auch bald ein Ende und wir hatten die
Burg.

(Hörnſtoß von außen)

Ritter Theobald! Er wär gleich mit mir ge=
ritten; aber da er am Arm was weggekriegt, mußt'
er ſich noch ein bißl verbinden laſſen. Hat aber
weiter nichts zu ſagen; dergleichen iſt er ja ge=
wohnt.

Roſalinde.
Alſo iſt doch ſein edel Blut für mich gefloſſen!

Emma.
O, laßt's Euch nicht kümmern!

(Die Thüre öffnet ſich. Theobald tritt ein.)
(Ottilie und Agnes ihm entgegen und hängen ſich an ihn.)

Theobald.
Da bin ich! Unſer Herrgott hat gerichtet!

Rosalinde (ihm die Hand drückend.)

Aber Ihr seid der Engel, den er zur Rettung
gesandt!

Emma.

Edler, theurer Ritter!

Theobald (zu Rosalinde).

Nun, edle Frau, könnt Ihr ruhig sein. Was
Euer ist, bleibt Euch gewahrt und die Warte, die
ich in gerechtem Kampf, erobert, fällt mir zu; denn
Niemand hat darauf einen Anspruch. Euch aber
überlaß ich sie als Aussteuer und Mitgift für das
Edelfräulein Emma. Möge sie bald ein wackrer
Ritter heimführen. Und so wolle fortan Gott
Alles zum Guten lenken!

Der Vorhang fällt.

Muzl,
der geſtiefelte Kater.

Mährchen in 3 Aufzügen.

Perſonen.

Der Herzog.

Prinzeſſin Roſalinde, deſſen Tochter.

Signor Gummielaſtico, Kammerherr,

Der Oberſtjägermeiſter, } des Herzogs.

Doctor Kali, Leibarzt,

Der Wieſenbauer.

Hans,

Peter, } Müllerſöhne.

Casperl.

Lüpel, ein furchtbarer Rieſe.

Kater Muzl, eigentlich Profeſſor Katzengold.

Ein Hoflakai.

Ein Mülleresel.

I. Aufzug.

Stube in einer Mühle.

Wiesenbauer. Hans. Peter. Casperl.

Wiesenbauer.

Also — euern guten Vatern habn wir gestern
begraben, tröst'n Gott. Ihr habt's Nir gspart,
um ihm die letzte Ehr z' erweisen. Allen Respekt!
Das Todtenmahl hat sich gwaschen und euer Vater
tröst'n Gott, hätt gwiß sein Freud dran ghabt,
wenn er's selber derlebt hätt. Ich hab nit leicht
so an guten Affenthaler trunken und 's Voressen
war ja, als wenn's die Engel im Himmel kocht
hätt'n! Also — enka Vater (tröst'n Gott, daß er
gstorben ist) enka guter Vater hat mir, als dem
Gemeindvorsteher und zugleich sei'm alten Schul-
kameraden und Freund schon voriges Jahr die
Schrift geben — jetzt merkt's auf, Buabn! — und
hat gsagt zu mir: „Wiesenbauer da gib ich dir
„die Schrift; die hebst mir auf bis ich gstorben
„bin (tröst'n Gott enkan Vatern). Das ist mein

„letzter Willen und bal' i gstorb'n bin und begraben,
„nacher laß'st meine drei Buben z'samkömma und
„lest' ihna das Testament vor und was drin steht ·
„dabei bleibts. Und jetzt bhüt dich Gott hat er gsagt,
„enka Vater, tröst'n Gott, und ist zur Thür naus.

Hans (weinend.)

Der gut Vater, wenn er nur noch leben that!

Peter (weint.)

Ja, tröst'n Gott, das war a braver Mann und
a guter Vater. D' Mutter hat's a immer gsagt,
wie's noch glebt hat, daß er so brav ist, wenn auch
prügelt hat.

Casperl.

Jetzt ist's vorbei, also lamentirt's nit a so
und laßt's 'n Wiesenbauer lesen, was der Vater
gschrieben hat.

Wiesenbauer.

Also setzt's Enk z'sam um den Tisch rum und
merkt's auf. (setzt Brillen auf und liest:) „Damit's kei=
„nen Disputat gibt und keinen Prozeß, wenn mich
„der Allmächtige aus dem irdischen Leben abberu=
„fen hat, so verordne ich Stephan Mehlstaub,
„Müller allhier, als meinen letzten Willen über
„mein frei eigenes Anwesen und sonstiges Eigen=

„thum, wie folgt: Erstens: Der Hans und der Peter übernehmen das ganze Mühlanwesen und Alles was dazu gehört, bis Einer von ihnen hei= rathet, nachher soll er den Andern hinauszahlen mit 3000 fl. Zweitens: Der Casperl kriegt den alten Kater Muzl und 5 fl. Capital auf b' Hand. Und zum Schluß geb' ich euch meinen väterlichen Segen." Unterschrieben: „Stephan „Mehlstaub. Als Zeugen: Martin Huber, Toni= „bauer. Joseph Majer, Waldbauer; bestättigt vom „Landgericht." Da habt's es, jetzt wißt's wie's bran seid's.

Hans.

Mir ist's recht. Gelt Peter, wir werd'n schon gut mitenand hausen?

Casperl.

Mich hat der Vater am besten bedacht. Der Muzl war mir so das Allerliebst im ganzen Haus und fünf Gulden sind auch nit schlecht. (weint.)

Peter.

Was flennst, Casperl? Der Vater, tröst'n Gott, wird sich halt gedacht haben, du bist der Gscheitst von uns; du wirst dir schon durch b' Welt helfen.

Casperl.

Und warum nit? Mein' Kopf hab' ich auf'n rechten Fleck und das Ander werd'n wir schon seh'n.

Wiesenbauer.

Mein Gschäft ist abgemacht. Der Willen Eures Vaters, Gott tröst'n, wird euch heilig sein: also bhüt Gott. Ich muß zum Essen z' Haus; die Bäurin wird schon auf mich warten.

Hans und Peter.

Bhüt Gott, Wiesenbauer!

(Wiesenbauer ab.)

Peter.

So, und jetzt mach, daß d' aus'n Haus kommst, Casperl; da hast deine fünf Gulden und vergiß fein dein Muzl net.

Hans.

Den kannst um's Geld seh'n lassen! Bei uns darfst nimmer bleiben und du hast dein Sach; mach nur daß d' aus'n Haus kommst.

(Beire ab.)

Casperl (allein.)

Jetzt hab ich mein' Theil. Den Kater Muzl und 5 Gulden. Wenn mir der Vater nur wenig= stens auch unsern Mülleresel vermacht hätt', so könnt' ich doch auf dem durch b' Welt reiten; aber

der muß die Mehlsäck aus= und eintragen. Was
fang ich aber an? Casperl, nimm dich z'sam!
(Muzl knurrt unter der Ofenbank.)

O mein Muzl, gelt? du denkst dir halt, wir
verhungern alle zwei?

Muzl.

Casperl!

Casperl.

Oho, wer red't denn da?

Muzl.

Casperl, ich bin's.

Casperl.

Du bist's? Ja wer bist denn du du?

Muzl.

Dein Freund Muzl.

Casperl.

Halt mich zum Narren!

Muzl (hervorschleichend.)

Nein, Casperl, ich bin derjenige, welche —

Casperl.

Aber Muzl, kannst denn du deutsch reden?

Muzl.

Nicht nur, sondern auch. Merke auf, was ich
dir sage und habe keine Angst.

Casperl.

No, brav! das ist ja eine Hererei.

Muzl.

Du kanntest mich bisher nur als den Kater Muzl. Während die Andern mich herumstießen und durchaus nicht respektirten, wie man, auch ohne ein Mitglied des Vereins gegen Thierquälerei zu sein, einen respektablen Kater aus altem Geschlechte achten sollte, hast du mich mit besonderer Rücksicht behandelt. Dafür bin ich dir dankbar.

Casperl.

Aber, aber! was ist denn das?

Muzl.

Unterbrich mich nicht, sonst vergesse ich, was ich dir sagen wollte; mein Gedächtniß ist etwas geschwächt und meine Sprachorgane sind außer Uebung, weil ich so lange nichts gesprochen habe. Höre: Ich bin eigentlich von Geburt aus nicht der Kater Muzl, sondern der Magier und Chemicus Professor Katzengold. In Folge meiner wissenschaftlichen Studien und chemischen Experimente hatte ich die Entdeckung machen wollen, daß nicht unser Herrgott die Welt erschaffen hat, sondern daß sie aus der bloßen Naturkraft von selbst ent=

ſtanden iſt, worüber alle Leute ſehr erſtaunt wur=
ben und mich als einen höchſt berühmten Gelehr=
ten bewundert haben. Nun wurde ich aber ſo
ſtolz und hochmüthig, daß es mit mir kaum mehr
zum Aushalten war. Eines Tages befand ich
mich in meinem Laboratorium und experimentirte
gerade darauf los, einen Menſchen zu fabriciren,
einen ſogenannten homunculus, was ſchon der
Doctor Theophraſtus Paracelſus verſucht hatte;
da ſprang plötzlich mit einem ungeheuern Knall
die Retorte in Scherben und eine Stimme rief mir—

Casperl.

Was für a Stimm?

Muzl.

Eine mir gänzlich unbekannte Stimme rief mir
zu: „Weh dir, Katzengold! Du biſt ein Narr und
„dein frevelhafter Hochmuth ſoll beſtraft werden.
„Du wirſt von nun an in der Geſtalt des Katers Muzl
„auf Erden herumwandeln müſſen und erſt wieder
„die menſchliche Geſtalt erhalten, wenn du den Rie=
„ſen Lüpel gefreſſen haſt!" — Nun ſchwieg die
Stimme; ich erwachte aus meiner Betäubung und
befand mich als Kater in dieſer Mühle. Das ge=
ſchah ſchon zu Lebzeiten deines Großvaters. Denke

12

dir die Verlegenheit und das unangenehme Gefühl
meinerseits!

Casperl.

Das ist a schöne Gschicht; aber a bißl lang
hat's dauert.

Anzl.

Nun scheint es, daß meine Strafzeit bald abgelaufen sein soll; denn ich bin hinlänglich gede-
müthigt und diese Nacht ging mir wieder ein Licht
auf. Auf einem Strahle des Mondscheins las ich
die Worte:

Katzengold wach auf, wach auf!
Lies heut aus der Sterne Lauf:
Hast den Stolz du überwunden,
Wirst der Strafe du entbunden;
Diene nur dem Casperl treu,
Wirst vom Katzenpelz dann frei!

Und nun stehe ich dir zu Diensten, verfüge
über mich. Vielleicht kann dir meine Katzenschlauheit nützlich sein.

Casperl.

Hast jetzt ausgredt?

Anzl.

Ja!

Casperl.

Was fang ich mit deiner Katzenschlauheit an?
da werden wir alle zwei nit fett davon.

Muzl.

Vor Allem laß mir um deine fünf Gulden ein
paar Stiefel machen, damit ich bequemer laufen kann;
ich werde schon was ausspekuliren.

Casperl.

Ich möcht lieber was auspockuliren; aber pro=
biren wir's, wenn du der Gescheitere bist und ver=
lassen wir nun dieses mehlstaubige Haus und be=
geben wir uns in die freie Natur; da brauch ich
doch keinen Staub zu schlucken, wenn's auch keine
Mehlspeis gibt.

Muzl.

Zuvor aber zum Schuhmacher.

Casperl.

Ja, der Schuhmacher soll dir ein paar Stiefel
machen. (Beide ab.)

Hans (tritt ein.)

Also jetzt wär ich der Herr im Haus — der
Müller. Ich bin der ältere und der Peter muß
mir in Allem folgen. Und wenn er nit parirt,
so werd' ich 'n schon so cujoniren, daß er gern
geht, wenn ich ihm das Seinige 'nauszahl. Und

12*

so hätt's eigentlich der Vater selig in's Testament 'neinschreiben sollen; denn zwei Herren thun nie= mals gut. Ich bin aber der ältere, also steht's mir zu, und heut werd' ich gleich s' Regieren an= fangen. Zuvor geh ich aber in's Wirthshaus und trink a Maß Bier. (ab.)

Peter (tritt ein.)

Das gfallt mir net, daß der Vater — Gott tröst'n — die Sach in seim Testament nit glei richtig gmacht hat. Wir zwei soll'n jetzt mitanand hausen. Das thut's net. Einer von uns muß naus aus'n Haus und ich will den Hans schon a so schicaniren, daß er gern geht, wenn ich ihm seine 3000 fl 'nauszahl und nachher bin ich allein Herr in der Mühl und so werd's wohl kommen müßen. Jetzt will ich aber zum Wirth geh'n und ein' Maß Bier trinken; nachher werd'n wir schon sehn, wie's weiter kommt. (ab.)

Der Mülleresel (tritt ein.)

Jetzt bin i schon 12 Jahr Esel in der Mühl und bin alleweil zfrieden gwesen und der alt' Müller, Gott hab'n selig, hat mich auch recht gern ghabt und hat die Schläg an mir nit gespart; aber die neue Einrichtung will mir gar nit gfallen,

daß ein jeder commandiren will. Sagt der Hans
zu die Mühlknecht „schütt's auf," — so schreit der
Peter „hört's auf" Packt mir der Ein' die Mehlsäck auf, so reißt mir's der Ander wieder runter;
z'vor hat mich der alt Müller allein prügelt jetzt
schlagen gleich zwei auf mich 'nein. Doppelte
Schläg, aber nur ein einfachs Futter! das Leben
halt ich net lang aus. Der Hans und der Peter
sind in's Wirthshaus; ich will mir auch einmal
einen lustigen Tag machen und im Krautgartl a
bißl reviren, damit ich einen guten Bißen krieg;
alleweil Disteln und alleweil Disteln — des wird
mir auch z'monoton. Die Mühlknecht schlafen alle,
denn die Herrn san nit z'Haus, also ist Niemand
bei der Hand, der mich aus'n Gartl jaget und auf
ein halbes Dutzend Krautköpf geht's auch nit z'samm!

(ab.)

Verwandlung.

Gemach im Palaste des Herzogs.
(Leibarzt und Gummielastico von zwei Seiten eintretend.)

Gummielastico.
Wie geht's dem Herzog, Herr Leibarzt?

Leibarzt.

Nicht am besten. Die Melancholie Sr. Durch=
laucht will nicht weichen.

Gummielastico.

Aber, mein Theuerster, wozu sind Sie den
Leibarzt, wenn Sie dem Uebel nicht steuern können?

Leibarzt.

Die Hypochondrie ist eine Krankheit, die oft
nicht zu bezwingen ist, besonders bei großen Herren?

Gummielastico.

Ich bin kein Arzt und verstehe nichts von der
Medizin, allein das habe ich doch immer gehört,
daß diese Krankheit meistens ihren Sitz im Unter=
leib hat. Warum wirken Sie nicht auf die Ver=
dauungsorgane Sr. Durchlaucht?

Leibarzt.

Als ob ich's nicht schon gethan hätte? Uebri=
gens muß ich Sie ersuchen, Ihre Weisheit zu
sparen. Ich werde schon wissen, was ich zu thun
habe und bedarf Ihrer Rathschläge nicht, Herr
Kammerherr.

Gummielastico.

Sollte ich nicht den innigsten Antheil an dem

Befinden unsers gnädigsten Gebieters nehmen? der ganze Hof trauert! Vergebens biete ich alles auf, um Se. Durchlaucht zu erheitern.

Leibarzt.

Da könnte ich nun ebenso Ihnen den Vorwurf machen: wozu sind sie Kammerherr und maitre du plaisir des Herzogs und vermögen nicht Höchst=selben zu amüsiren?

Gummielaſtico.

Und ich könnte ihnen erwiedern: Sparen Sie ihre Weisheit. — Enfin, laſſen wir das. Wie hat der Herzog dieſe Nacht geſchlafen?

Leibarzt.

Geſchlafen gut; allein erwacht mit denſel= ben firen Ideen, die ich ihm nicht aus dem Kopf bringe.

Gummielaſtico.

Der unwiderſtehliche Appettit nach Caninchen und Rebhühnern!

Leibarzt.

Allerdings! Und jetzt — wo man durchaus we= der Caninchen noch Rebhühner liefern kann, weil das Getreide auf den Feldern ſteht und Jäger und Hunde nicht umherſtreifen dürfen.

Gummielaſtico.

Das iſt ſehr fatal, ſehr fatal! die Bauern wür=
den es wohl nicht zulaſſen, daß man ihre Felder
zertritt.

Leibarzt.

Natürlich; der Herr Oberſtjägermeiſter iſt in
Verzweiflung; doch ſtill — ich glaube Se. Durch=
laucht kommen.

(Der Herzog. Die Vorigen).

Herzog.

Wo iſt mein Oberſtjägermeiſter? wo iſt er?

Gummielaſtico.

Ew. Durchlaucht — ich weiß es in der That
nicht. Soll ich ihn vielleicht citiren?

Herzog.

Ich glaube der Kerl verſteckt ſich. Man ver=
ſchwört ſich gegen mich, man revolutionirt, man
will mich morden!

Gummielaſtico.

Ich bitte Euer Durchlaucht unterthänigſt, ſo
Etwas nicht zu denken; der ganze Hof, das ganze
Land iſt Höchſtſelben ehrfurchtsvollſt ergeben.

Herzog.

Schweigen Sie! Auch Sie ſind ein Verräther.

Sie nennen sich Gummielastico und man ist nicht einmal im Stande mit ihrer erbärmlichen Persönlichkeit einen Bleistiftstreich auszuwischen, geschweige daß sie mir zu etwas Anderm nützlich sind.

Gummielastico.

Geruhen doch Ew. Durchlaucht zu erwägen — —

Herzog.

Still! ich will nichts mehr hören. Ist es aber nicht unerhört, daß man mir sogar meine Leibspeise Kaninchen und Rebhühner vorenthalten will, um mich aushungern zu lassen? Ist dieß nicht offene Revolution?

Leibarzt.

Ich erlaube mir als hochdero ergebener Leibarzt zu bemerken, daß gerade diese Nahrung Euer Durchlaucht wohl nicht zuträglich wäre; denn Kaninchen und Rebhühner — —

Herzog (höchst erzürnt).

Auch S i e gehören zur Verschwörung. Gerade Sie sind das Werkzeug, dessen sich die Revolution bedient. Was mir schmeckt, das ist mir auch gesund; und ich w i l l einmal Rebhühner und Kaninchen; ich w i l l, ich w i l l und dabei bleibts!

fort aus meinen Augen, fort, alle zwei! Schicken
Sie mir augenblicklich den Oberstjägermeister.

(Gummielastico und Leibarzt unter Reverenzen ab.)

Herzog.

Schändlich, Schändlich! keine Kaninchen, keine
Rebhühner! dieses unschuldige Vergnügen soll mir,
dem Herrn des Landes, versagt sein! Es ist um
toll zu werden! Jetzt habe ich meinem Volke erst
vor zwei Monaten eine Verfassung gegeben! Ich
rechnete auf allgemeine Zufriedenheit und doch fehlt
es nicht an Wühlereien; selbst meine Leibspeisen
will man mir nicht gönnen; es ist infam! Ich
werde meinem Volke die Verfassung wieder nehmen.
Ich will unumschränkt regieren! Ich will für meine
eigene Constitution sorgen; ich will Rebhühner und
Kaninchen! — — Aha! da kömmt mein perfider
Oberstjägermeister. Nur herein da! Geben sie mir
Rechenschaft — —

Oberstjägermeister
(trägt ein Kaninchen und ein paar Rebhühner.)

Euer Durchlaucht, ich bin der glücklichste Ihrer
Diener! Höchstselbst durchlauchtigster Wunsch ist
erfüllt. Hier ein Kaninchen und zwei Rebhühner!

Herzog.

Was seh' ich mein Lieber? Ist es möglich? Woher diese treffliche Beute? bravo! bravo! — Ich sehe Sie sind ein treuer, wohlgesinnter Diener. Ich werde Sie belohnen. Sogleich ertheile ich Ihnen meinen Hausorden: den goldenen Stern erster Classe mit der grünen Schleife.

Oberstjägermeister.

Ich bin der Glücklichste der Sterblichen, die Zufriedenheit Eurer Durchlaucht erlangt zu haben. Mehr verlange ich nicht.

Herzog.

Nur gleich in die Hofküche mit diesen köstlichen Braten! Aber mein lieber Oberstjägermeister, sagen Sie mir, woher kömmt dieß Wild? Sie sagten mir doch, man könne jetzt weder Kaninchen noch Feld= hühner schießen, weil die Felder nicht leer sind.

Oberstjägermeister.

Allerdings, Euer Durchlaucht, es ist so; allein ein fremder mir ganz unbekannter Jäger brachte die Beute soeben zu mir mit einer ergebensten Empfehlung vom Grafen Carabas, seinem Herren, welcher Kaninchen und Feldhühner Sr. Durchlaucht zu Füßen legen laße.

Herzog.

Ei! das muß ein ganz charmanter Cavalier sein, dieser Graf Carabas! Ich will ihn kennen lernen; ich will ihn tar= und stempelfrei zum Kam= merherrn machen. Laden Sie ihn zur Hoftafel ein.

Oberstjägermeister.

Der Leibjäger des Herrn Grafen hat sich so= gleich wieder entfernt und sagte er werde, in kür= zester Zeit wieder dergleichen Wildprät liefern, wenn es Ew. Durchlaucht genehm sei.

Herzog.

O sehr genehm, sehr genehm! — Nun will ich ein wenig spazieren fahren; dann zur Tafel. Ich bin ganz vergnügt. Heute soll Freitheater sein und Beleuchtung im Hofgarten. Abieu, abieu, mein lieber Oberstjägermeister! (Beide ab.)

Verwandlung.

Wald.

Casperl.

Das ist ein prächtiger Kerl, mein Muzl! hört der die Gschicht vom Herzog, daß der grab auf

Kinihaseln und Rebhenneln versessen ist, nimmt einen alten Sack, legt 'n halb offen auf die Hasen und Rebhennelsteig und wenn so ein lieb's Thierl daher wuzelt, pumps zieht er den Sack zu und fangt Eins nach dem Andern! Ja so ein Kater ist halt a gscheit's Thier, besonders wenn er eigent= lich nebenbei ein Mensch ist. Jetzt will ich nur sehn, was weiter gschieht. Da haben wir uns zsammenbstellt und der Muzl kann nimmer lang ausbleiben; aber schlipperment was kommt denn da für ein Mordskerl? ich muß mich verstecken und ein bißl lauschen.   (versteckt sich.)

(Der Riese Lüpel tritt ein. Phantastisch aufgeputzt mit einer gro= ßen Tabakspfeife und einem Prügel in der Hand.)

Lüpel.

Ich bin der Riese Lüpel, wenn ihr's wissen wollt; ich bin ein Mordskerl; ich reiße die größten Bäume mit dem kleinen Finger aus; ich zertrete eine Compagnie Soldaten mit der großen Zehe; ich fresse ein ganzes Kalb auf dem Sauerkraut; ich dulde keinen Widerspruch; ich schlag Alles todt, wenn's mich freut; kurz ich bin die sogenannte rohe Naturgewalt; kurz: ich bin der Riese Lüpel.

Aber obgleich ich der Riese Lüpel bin, so macht

mir das Alleinsein auf meinem Zauberschloſſe
Langeweile und ich bin geſonnen zu heirathen.
Prinzeſſin Roſalinde iſt der intereſſante Gegenſtand,
auf welchen ich mein blaues Rieſenauge geworfen
habe. Sie und keine Andere muß mein ſein!
Aber wo bleibt mein Spion Gummielaſtico? Wenn
er mich ſitzen oder ſtehen läßt, ſo freſſe ich ihn
mit Haut und Haaren auf. (pfeift furchtbar; ein feiner
Pfiff hinter der Scene antwortet) Hier iſt er, der Spitzbube.
(Gummielaſtico ſchleicht herein.)

Lüpel.
Biſt du einmal da, Kerl? Was gibts Neues?
rede oder ich erwürg' dich.

Gummielaſtico.
Allergrößter! Erhabenſter! Sie glauben gar
nicht, wie ſchwer es iſt, an unſerm Hofe Etwas
durchzuſetzen, ſeit der Herzog mit firen Idee'n be-
haftet iſt.

Lüpel.
Was geh'n mich die firen Idee'n an! Haſt du
meine Befehle vollzogen? Rede, oder ich zermalme
dich.

Gummielaſtico.
Trotz meiner elaſtiſchen Natur iſt es mir noch

nicht gelungen, heimlich in das Gemach der Prin=
zessin Rosalinde zu gelangen, um ihr die Liebes=
anträge Eurer Großmächtigkeit beibringen zu können.

Lüpel.

Das ist eine Eselei!

Gummielastico.

Es stehen immer zwei Hartschiere vor der Thür.

Lüpel.

Was Hartschiere! So ein Gummielastico soll
andere Wege finden, in ein Zimmer zu gelangen.
Kerl, ich freß' dich!

Gummielastico.

Großmächtigster! Geduld! Ich wüßte einen besse=
ren Vorschlag. Ein Brief, den ich auf irgend eine Weise
der Prinzessin zustelle, wäre ein sicheres Mittel.

Lüpel.

Ich kann aber nicht schreiben, wie du wissen
sollst. Bursche, ich zerreiß' dich!

Gummielastico.

Dictiren Sie, ich werde mit verstellter Schrift
schreiben.

Lüpel.

Der Einfall ist nicht übel. Kerl, ich zerreiß'

dich nicht. Also fort auf mein Schloß! Dort
wird der Brief abgefaßt und dann besorgst du ihn
so schnell als möglich; denn bald geht mir meine
Riesengeduld aus; und wenn ich die Prinzessin
Rosalinde in vierzehn Tagen nicht als Frau heim=
führe, so werd' ich meinen Riesenzorn zuerst an
dir auslassen, dann geht's weiter. Das ganze Land
werd' ich ruiniren und Alles was darin lebt und
webt! Also fort mit mir! (ab mit Gummielastico.)

(Casperl tritt aus seinem Versteck hervor.)

Casperl.

Brav! Das ist eine saubere Gschicht, die die
zwei miteinander abgemacht haben. Saperbibirti!
Und der Gewaltslümmel will die zuckersüße Prin=
zessin heirathen? — Ah — da kommt der Muzl,
dem muß ich's gleich verzählen.

Muzl (an den Hinterpfoten bestiefelt).

Prächtig geht's, lieber Casperl! Der Herzog,
durch das Geschenk von Rebhühnern und Kanin=
chen höchsterfreut, wünscht die Bekanntschaft des
Grafen Carabas zu machen. Du kommst also an
den Hof. Laß mich nur für dich sorgen; unter
meiner Leitung kann es dir nicht fehlen.

Casperl.

Ja prächtig geht's! Da hat grab der Gwalts-Ries mit einem Spitzbuben abgemacht, daß er die Prinzessin heirathen will.

Anzl.

Wie? der Riese Lüpel, den ich zu meiner Er-lösung fressen soll? Da kann nichts daraus wer-den, um so weniger, da ich dir die Prinzessin zur Gattin bestimmt habe.

Casperl.

Oho — da fall ich in Ohnmacht! Ich soll der Gatte der Prinzessin wörden? Ha! Verrätherei? Liebe? Hochzeit? Knödl mit Sauerkraut?

Anzl.

Schweige und verlasse dich auf mich! Fort von hier. *(Beide ab.)*

Verwandlung.

In der Mühle.

Hans und Peter treten streitend haftig ein.

Hans.

Und weißt du nit, daß ich der Aeltere bin und daß ich zu befehlen hab im Haus?

13

Peter.

Und weißt du nit, daß ich das nämlich' Recht
hab wie du? Denn so steht's im Vatern sein'
Testament.

Hans.

Aber dabei bleibts, daß ich der Aelter' bin
und der gscheiter bin, und ich laß mir nir ein=
reden im Regiment.

Peter.

Und ich leib's aber nit.
(Draußen schreit der Esel: „Ya, Ya.")
Hörst 'n Esel schreien: „Ja, Ja!"

Hans.

Du mußt freilich dem Esel sein Gscheitheit zu
Hülf nehmen, weil die deinige nit ausreicht.
(Esel draußen: „Ya, Ya.")
Hörst 'n, wie er schreit: „Ja, Ja!"

Peter.

Ich will dem Vater'n sein Testament aufrecht
halten; und wenn's nit in Guten geht, so fang
ich ein' Prozeß an.
(Esel draußen: „Ya, Ya!")

Hans.

Hörst'n draußen? Der will auch an Prozeß
anfangen.

Peter.

Was? spötteln auch noch? (schlägt auf Hans.)

Hans.
(schlägt den Peter.)

So an Prozeß versteh ich auch; da brauch ich kein' Advocaten, wenn's auf's Prügeln 'nausgeht.

Peter.

Ein Spitzbub bist. (schlägt wieder.)

Hans.

Und du bist 'n Spitzbuben sein Bruder.
(schlägt wieder. Sie balgen sich.)
Der Wiesenbauer tritt ein.

Wiesenbauer.

Was gibt's denn da? Ist das auch eine Art unter Brüdern?

Hans.

Ja, da heißt's: Nir Bruder im Spiel!

Peter.

Und dich geht's gar nir an, Wiesenbauer, was wir miteinander haben.

Wiesenbauer.

Was mich geht's nir an? Bin ich nit der Testamentsexecutor vom Vatern seim Testament?

13*

Hans.

Wart', wir woll'n dich gleich eraquiren!

Peter.

Ja, das woll'n wir. Mach nur, daß b' naus kommst, Erecutor!

Wiesenbauer.

Wie? mich aus'n Haus schaffen? Ihr undankbaren Burschen!

Hans (zu Peter.)

Beim Prozeß bleibts, gelt Peter? aber z'erst hau'n wir'n Nachbarn naus.

Peter.

Ja, dabei bleibts.

(Beide fallen über den Wiesenbauer her. Prügelei. Alle drei unter Geschrei ab.)

Der Mülleresel (tritt ein und singt)

Herr jemine, Herr jemine,
Was ist das für a Gschicht!
Die Müllerbuben müßen gwiß
Noch vor das Schwurgericht! Ya, Ya!

Sonst gings im Haus so friedlich her,
Wie noch der Alt hat g'lebt;
Und jitzt geht's Streiten gar nit aus,
Daß All's zittert und bebt. Ya, Ya!

Die Mühl steht still, 's Rad ist caput,
Und Prügel gibt's grad gnua';
Was fangt der Mülleresel an? —
Der schaugt der Gschicht halt zu. Ja, Ja!

Der Vorhang fällt.

II. Aufzug.

Gemach im Pallaste des Herzogs.
Muzl. Gummielastico.

Gummielastico.

Sie wollen also eine Audienz bei Sr. Durch=
laucht?

Muzl.

Aufzuwarten.

Gummielastico.

Das wird sehr schwer sein, denn es darf nicht
Jedermann zum Herzoge. Ueberdieß, ich habe nicht
das Vergnügen, Sie zu kennen.

Muzl.

Melden Sie mich immerhin. Ich bin Katzen=
buckel, der Leibjäger des Grafen von Carabas.

Gummielastico.

Legitimiren Sie sich; das könnte ein Jeder sagen.

Muzl (zieht ein Kaninchen aus der Tasche.)

Ueberreichen Sie Sr. Durchlaucht dieß Kanin=
chen und ich werde willkommen sein.

Gummielastico.

Ah — wenn es so ist, freut es mich ungemein,
Ihre Bekanntschaft zu machen. Sie sind der Mann
des Tages oder vielmehr Ihr Gebieter ist es.
Warten Sie gefälligst einen Augenblick, ich werde
gleich wieder da sein.   (Ab mit dem Kaninchen.)

Muzl (allein.)

So ist die Welt! meine ehrliche Katzenphisio-
nomie hat dem Kerl nicht genügt; als ich ihm aber
das Kaninchen, den am Hofe beliebten Braten, unter
die Nase hielt, zog er andere Seiten auf. Nun
muß ichs aber gescheit anfangen, daß ich den Herzog ganz auf unsere Seite bringe und die Prinzessin für meinen Casperl bekomme.

Gummielastico (kömmt wieder.)

Se. Durchlaucht geruhen, Sie zu empfangen,
Herr von Katzenbuckel. Treten Sie ein.
                    (Muzl tritt durch die Nebenthüre ab.)

Gummielastico (allein.)

Geh nur hinein, verflixter Katzenbuckel. Während der Herzog nur an Kaninchenbraten und Reb-
hühnerragout denkt, spinne ich meine Intrigue mit
Prinzessin Rosalinde an und habe ich meinen Zweck
erreicht, so hole ich mir den versprochenen Lohn

vom Riesen und brenne auf eine hübsche Manier
durch. Gummielastico weiß sich immer gehörig durch=
zuwinden; er ist biegsam und schmiegsam. Holla,
die Prinzessin! die kömmt mir gerade recht.

Prinzessin Rosalinde (tritt ein.)

Wo ist mein durchlauchtigster Papa? Ich suche
ihn; denn ich sollte mit ihm spazieren fahren.

Gummielastico.

Das wird wohl für jetzt unterbleiben, gnädigste
Prinzessin; denn Se. Durchlaucht Papa sind in
wichtigen Staatsgeschäften begriffen.

Rosalinde.

Gut, so will ich warten, bis die Staatsge-
schäfte beendigt sind.

Gummielastico.

Mir höchst erwünscht' erhabene Prinzessin; denn
ich möchte das Glück haben, eine höchst wichtige
Angelegenheit Ihnen zu Füßen legen zu dürfen.

Rosalinde.

Mir? und welche?

Gummielastico.

Schenken Dieselben mir gnädigst Gehör: Ich
wage es mich, Ihrer Durchlaucht, in hohem Auf=

trage zu nahen. Der reichste Privatier des Landes, Herr von Lüpel, dessen Ahnen zu den ältesten Geschlechtern Europas gehören, in dessen Adern dynastisches obgleich mediatisirtes Blut rinnt, wünscht Ihre Hand zu besitzen und fleht in diesem Briefe um Ihr Herz, welches er glücklich zu machen sich bestreben wird.

Rosalinde.

Wie? welche Zumuthung! glauben Sie — —

Gummielastico (sie unterbrechend.)

O ich glaube Alles, nur das nicht, daß Ihre Durchlaucht die Hand des mächtigsten Edelmannes von sich weisen könnten, der im Stande ist, alle Ihre Wünsche zu befriedigen.

Rosalinde.

Welche Unverschämtheit! Ich sollte mich mit einem Manne vermählen, dessen ungeschlachte Gestalt allein schon jede Verbindung hindert. Ein Riese, dessen Brutalität allbekannt ist; ein Mensch ohne Lebensart, ohne Erziehung, ohne Bildung sollte Gatte einer Prinzessin werden?

Gummielastico.

Ueberlegen Höchstdieselben wohl, was Sie sagen. Bedenken Sie den unermeßlichen Reichthum des

Herrn von auf und zu Lüpel. Seine Schlößer, seine
Ländereien! wer hätte Aehnliches aufzuweisen? Wenn
er auch aus einem Riesengeschlechte stammt, so über-
steigt doch seine persönliche Liebenswürdigkeit seine
persönliche Statur. O lernen Sie ihn kennen und
Sie werden für ihn begeistert werden!

Rosalinde.

Schweigen Sie, Herr Gummielastico, mit diesen Phrasen, die mich blenden sollen. Niemals
werde ich die Gattin des Riesen Lüpel. Von Ihnen aber ist es eine Verrätherei vis-à-vis meines
durchlauchtigsten Papa's hinter seinem erhabenen
Rücken, mir solche Anträge zu machen.

Gummielastico.

Durchlauchtige Prinzessin — aber — —

Rosalinde.

Still, der Herzog kömmt. Entfernen Sie sich.

Gummielastico (im Abgeben.)

(Für sich.) Verdammte Geschichte! das hätte ich
nicht vermuthet. (ab.)

Herzog tritt mit Muzl im Gespräche begriffen ein.

Herzog.

Sieh da, meine Tochter! Theure Rosalinde,

wir werden demnächst das Vergnügen haben, den Grafen Carabas an unserm Hofe zu sehen. So eben lasse ich dem liebenswürdigen Cavalier durch seinen Vertrauten, Herrn Katzenbuckel, die Einladung zukommen.

Muzl.

Ich beeile mich, meinem Herrn und Gebieter die beehrende Botschaft zu hinterbringen und er wird nicht ermangeln, sich baldigst bei Sr. Durchlaucht einzufinden. (ab.)

Rosalinde.

Ist es Ihnen gefällig, jetzt spazieren zu fahren?

Herzog.

Etwas später, mein liebes Kind. Wir haben vorerst noch einen Handel zu schlichten, der uns durch unsern Staatsrath in Vortrag gekommen ist. Eine Streitsache zweier Müllersöhne, welche bis zur höchsten Instanz gelangt ist, worüber nur dem Herzog in Person zu entscheiden vorbehalten bleibt. Entferne dich nun. Ich werde dich später rufen lassen.

Rosalinde.

Ich folge Ihren Befehlen. (ab.)

Herzog.

Gummielaſtico!

(Gummielaſtico tritt ein.)

Herzog.

Man laße die ſtreitenden Partheien ein.

Gummielaſtico.

Sogleich, Euer Durchlaucht.   (ab.)

(Hans und Peter unter Verbeugung treten ein.)

Herzog.

Ihr ſeid alſo die Zwei, welche von dem Her=
zog den Rechtſpruch über ihren Streit wollen?

Hans. Peter.

Ja, Euer Durchläuſtigkeit, mir ſan's.

Herzog.

Ich kenne Eure Sache aus den Acten. Warum
könnt Ihr nicht miteinander auskommen? Warum
reſpectirt Ihr den letzten Willen Euers Vaters nicht?

Hans.

Ich hab allen Reſpect vor'n Vatern ſelig ſeim
letzten Willen und wie's uns der Wieſenbauer vor=
gleſen hat, aber ich will mein Sach haben und
ich beſteh auf meinm Recht, weil ich der Aelter' bin.

Peter.

Und ich halt auch das Teſtament in Ehren,

wie's uns der Wiesenbauer vorgelesen hat, aber ich
will auch mein Sach haben und will auch net
z'kurz kömma und von die Prügel, die mir mein
Bruder geben hat, ist nir im Vatern sein Testa=
ment gstanden.

Hans.

's Maul haltst. Ich hab dich grab nauszahln
woll'n wie's 'n Vatern sein letzter Willen gwesen
ist, aber du hast net mögen.

Peter.

Aber deßwegen hät's keine Schläg braucht, ver=
standen?

Hans.

Du hast auch dreingschlagen; wie soll nacher
an Ausgleichung möglich sein?

Herzog.

Still da! Ich weiß Alles. Ihr seid ein paar
eigennützige Starrköpfe. Niemand kennt sich bei
euch aus. Jeder von euch behauptet Recht zu ha=
ben und Ihr habt beide Unrecht. Wo ist der un=
parthei'sche Zeuge, den Ihr mir vorführen wollt
und der über den Streit Aufschluß geben kann?

Hans.

Draußen steht er, Euer Durchläuftigkeit.

Peter.

Wenn's gfällig ist, führ' ich 'n 'rein.

Herzog.

Nur herein damit! wir wollen hören und dann Urtheil sprechen.

(Peter geht hinaus und holt den Müllerefel herein.)

Efel.

Ja, Ja!

Herzog.

Das ist ja ein Efel als Zeuge!

Hans.

San schon oft Zeugen vor Gericht Efel gwe= sen, so kann auch amal an Efel an Zeugen ab= geben.

Herzog.

Die Wahl der Zeugen ist Sache der streiten= den Partheien, also kann ich als Herzog selbst nichts dagegen haben; denn so will es der Civilprozeß und das mündliche Verfahren. (Zum Efel.) Also, weißt du was von der Angelegenheit?

Efel.

Ja, Ja!

Herzog.

Gut! Ist es wahr, daß sich die beiden Müller= föhne Hans und Peter geprügelt haben?

Efel.

Ya, Ya, Ya!

Herzog.

Gut! Es haben also beide gegenseitig das Ihrige bekommen und keiner kann dem Andern einen Vorwurf machen?

Efel.

Ya, Ya!

Herzog.

Gut! Also hört: Ich will in meinem Lande Frieden haben — Erstens. Zweitens: Wenn Ihr nicht Ruhe gebt, so werde ich anordnen, daß jeder von euch von Amtswegen noch seine Portion extra bekommt, und drittens: bleibt es dabei, wie euer Vater es in seinem Testamente anbefohlen hat. Verstanden? Jetzt geht ruhig nach Hause und ich hoffe, daß der Streit geschlichtet ist.

Hans und Peter.

Ja, wir san schon zufrieden, Euer Durchläuftigkeit. Der Esel hat schon recht.

Herzog.

Ich will Ruhe und Frieden haben, punctum.

(geht ab.)

Hans.

Siehst es Peter? jetzt wissen wir's, wie's sein soll.

Peter.

Mir is 's recht, Hans; und 's bleibt dabei.

Hans.

Jetzt geh'n wir mitnand in's Wirthshaus und trinken a Maßl.

Peter.

Ja, ich bin dabei. Das ist aber gscheiter Herr!

Hans.

Und a guter Herr, gelt, Peter?

Esel.

Ja, Ja!

Peter.

So gehn wir halt alle drei; und jetzt woll'n wir brüderlich und in Frieden mitanand hausen, bis Einer von uns heirath't und nacha wissen wir so, was gschegn muß nach'n Vatern sein letzten Willen.

Esel.

Ja, Ja.

(Alle ab.)

Verwandlung.

Ländliche Gegend   Dorf im Hintergrund.

Casperl.

Schlipperment! Jetzt dauert's mir aber schon a bißl z' lang. Ich soll der Gemahl der Prinzessin werden, wie mir der Muzl versprochen hat, und bin alleweil voller Hunger und Durst. Das paßt net z'sam, wie mir scheint. Aber, wenn ich angeheiratheter Prinz bin oder Prinzgemahl? Da wird's an anders Leben werden.

In der Fruh schlaf ich so lang als mich's freut, denn das ist vornehm; nachher aufgstanden: goldene Pantoffel, ein rosenfarbener Schlafschrock, Kaffee und Schokolat mit 24 Eierweckeln und 12 paar Bratwürstln. Nacher geh' ich zur Prinzessin 'nüber und wünsch ihr an guten Morgen. Hierauf werd' ich wieder geruhen ein paar Stünbl zu ruhen bis zur Essenszeit. Alles was gut und theuer ist muß aufgetragen werden und a Tafelmusik muß ich auch haben. Sechs Trommler vom Leibregiment und eine Guitarre dazu. Nach'm Essen wieder Kaffee mit Eierweckeln und Bratwürsteln und Käs — — Schlipperment da kommt der Muzl!

14

Muzl (äußt berein).

Alles geht gut, Casperl. Du mußt als Graf
Carabas augenblicklich beim Herzog eine Aufwart=
ung machen. Ich werd' gleich wieder einige Reb=
hühner und Kaninchen fangen, damit du sie dem
Herzog offeriren kannst.

Casperl.

Na — ich hab weiter keine Aengsten. So
eine Aufwartung is kein G'spaß.

Muzl.

Ei was! Es gibt nichts leichteres auf der
Welt. Wenn dich der Herzog fragt, so sage nur
immer „Ja“ zu Allem und red' nur auch recht
Viel von dir selbst; mach Etwas aus dir.

Casperl.

Wenn ich aber nir bin, was kann ich aus mir
machen?

Muzl.

Da mach's nur wie andere Leute. — Ich habe
auch dafür gesorgt, daß wenn der Herzog spazieren
fahrt in dieser Gegend, die Bauern sagen, es sei
Alles das Eigenthum des Grafen Carabas; und
wenn sie's nicht sagten, würden sie alle vom Rie=
sen Lüpel gefressen.

Casperl (affectirt.)

O Muzl! wölch ein Mensch bist du! oder eigentlich vor der Hand noch katzengestaltiges Wesen höherer Art! Ich möchte dich umarmigen, allein so lange noch dieses Thierfell deine schöne Söle umhüllt, grauset mir vor deinen Krallen.

Muzl.

Schweig mit deinen Dummheiten und folge mir.

Duett.

Muzl.

Komm folge mir zu deinem Glück,
Dann löst sich bald auch mein Geschick.

Casperl.

Ich folge dir und bin bereit,
Gibt's nur was Gut's zu essen heut.

Muzl.

Miau, Miau!

Casperl.

Dem Glück ich trau!

Beide.

Miau, Miau, Miau, Miau!

(Beide ab.

(Es erhebt sich ein Sturm.)

14*

Riese Lüpel stürzt herein.

Lüpel.

Wo bleibt der Kerl mit der Antwort der Prin=
zessin? Ich verschmachte vor riesenhafter Sehnsucht.
Das Bedürfniß mich in den gemüthlichen Eheſtand
zu begeben, läßt mir keine Ruhe. Ich will eine
Familie begründen; das edle Geschlecht der von
Lüpel soll und darf nicht ausſterben. Ich bin der
letzte dieses Namens! Ich will eine Frau haben,
ich will Kinder auf meinem Schooße wiegen! Ich
will ein Familienleben haben, ich will Abends
nicht mehr in's Caffeehaus gehen; kurz ich will
im vollen Sinne des Wortes ein Familienvater
werden!

Gummielaſtiko (tritt auf).

Erhabenſter Riese! Großer Mann! — Sieh
einen Unglücklichen vor dir. Alle meine Ueber=
redungskunſt war vergeblich! Dein Brief wurde
zurückgewiesen, wie die zarten Anträge, die er ent=
hielt. Die große Idee deiner Erhabenheit konnte
und wollte nicht begriffen werden! Ich bin in
Verzweiflung!

Lüpel.

Ha! Elender! dieß also die Dienſte, die du
mir geleiſtet haſt! Dieß die Frucht meiner groß=

artigen Unterstützungen, die ich dir heimlich zu=
fließen ließ? Dieß das Resultat deiner elenden
Spionage? Du sollst deinen Lohn haben!

Gummielastico.

Gnade, Gnade! es ist noch nicht alles ver=
loren! Eine Entführung will ich vorbereiten.

Lüpel.

Ha! was nützt mich eine Entführung, wenn
mich die Entführte nicht mag? An dir wäre es
gewesen, ihr Herz mir zuzuwenden. An deiner
Beredsamkeit hat es gefehlt, an deiner diplomati=
schen Gewandtheit. Oder vielleicht hast du auch
mich betrogen, wie den Herzog? Warte, Schuft!
du sollst deiner Strafe nicht entgehen. Meine
Riesenfaust wird dich zerknutschen, daß du deine
menschliche Gestalt verlierst und eine ordinäre
Gummielastikkugel wirst, wie man sie beim Drechs=
ler Edel in der Weinstraße kauft!

Gummielastico.

Gnade, Gnade!

Lüpel (packt ihn und reißt ihn hinaus).

Keine Gnade — sondern nur Rache, Rache!

(ab mit Gummielastico.)

(Man hört Gummielastico draußen schreien.)

Ein großer Gummielastikball hüpft herein und auf und ab; Lüpel
spielt mit ihm.

Lüpel.

So, Kerl! jetzt bist du in deiner wahren Gestalt! jetzt bist du mein Spielball.

Musik. Der Ball tanzt von Lüpel geworfen auf und ab.

Der Vorhang fällt.

III. Aufzug.

Saal im Pallaste des Herzogs.

Herzog. Casperl. Muzl.

Herzog.

Endlich also habe ich das Vergnügen Sie kennen zu lernen, lieber Graf.

Casperl (zu Muzl.)

Was Schaf? — ich bin ja kein Schaf, Muzl.

Muzl.

Graf sagt er; du bist ja der Graf Carabas.

Casperl
(wenn er mit dem Herzog redet immer in affectirtem Hochdeutsch.)

O ja, Excellenz Durchlaucht! obgleich — bin ich der Graf Schnarabas und — —

Muzl (zu Casperl.)

Carabas — nicht Schnarabas!

Herzog.

Schnarabas? ich glaubte Carabas.

Casperl.

O ja, sehr ja! allein meine Urahnen nannten

sich Schna- ihre Nachfolger Ca- rabas. Schna ist
eigentlich soviel wie Ca und Ca soviel wie Schna,
drum sagt man auch schnabuliren und nicht cabu-
liren; denn schnabuliren kömmt von Schnabel.

Herzog.

Bravo, bravo! — Sie scheinen sich auch mit
Sprachforschung zu beschäftigen, lieber Graf. Haben Sie etwa Grimm studirt?

Casperl (wichtig.)

Das Grimmen habe ich schon öfters gehabt,
allein ich habe es stets mehr als Bauchweh behandelt.

Wurzl (stößt den Casperl.)

Casperl, du schwatzt dummes Zeug! nimm dich
in Acht.

Casperl.

Oho, wär net übel?

Herzog.

Ich habe Sie nicht recht verstanden, lieber Graf.

Casperl.

O das thut gar nichts! apropos! Ich habe
Euer Durchsichtigkeit durch diesen meinen Leibjäger hier wieder einige Rebhennln in die Hofküche
liefern lassen. Haben dero schon davon genossen?

Herzog.

Trefflich, trefflich! Sie werden heute an meiner Tafel eine köstliche Pastete davon bekommen.

Casperl.

(vergißt sich.) Ah — a Pastet'n! das is a prächtiger Fraß!

Anzl.

Casperl, paß' auf.

Herzog.

Was, was? — Fraß, Fraß? welch ein Ausdruck, lieber Graf?

Casperl.

Spaß, Spaß — wollte ich sagen.

Herzog.

Ah so! das ist allerdings ein Spaß — eine gute Pastete; aber bei Ihrer Lebensweise, in Ihren Verhältnissen wird Ihnen dieß etwas gewöhnliches sein; — Sie müßen ungeheuere Besitzungen haben, lieber Carabas!

Anzl (zu Casperl.)

Jetzt lasse los!

Casperl.

No! und ob? Ungeheuer, ungeheuer! ich kenn mich eigentlich gar nicht drin aus.

Herzog.

Darf ich wohl fragen, wie hoch sich durchschnitt=
lich Ihre jährlichen Renten belaufen?

Casperl.

Von Laufen ist keine Rede. Wir sitzen fest!

Herzog.

Ich meine, wie viel Sie ungefährlich einnehmen.

Casperl.

Ich pflege des Jahres nur ein Mal einzu=
nehmen und zwar, wie's der Doctor haben will,
im Frühling.

Muzl.

Aber Casperl!

Herzog.

Es ist sehr zweckmäßig die Geldeinnahme, wenn
möglich, auf eine Periode zu beschränken. Das
Geschäft wird dadurch vereinfacht. Aber warum
brauchen Sie dazu die Anordnungen eines Doctors?

Muzl (für Casperl antwortend.)

Sr. Excellenz der Herr Graf von Carabas ha=
ben sich auch zu der Finanzverwaltung einen rechts=
kundigen Doctor angestellt.

Casperl (wichtig.)

Ja, ja! mein Leibjäger hat ganz recht. Es is
wirklich so. Ich kann die Ehre haben zu versichern!

Herzog.

Nicht wahr? Sie besitzen auch sehr viele Schlößer.

Casperl.

Ja wohl, aber an jeder Thüre nur Eins.

Herzog.

Wie?

Muzl.

Aber Casperl! Schlößer, wo man drinnen wohnt.

Casperl.

Aha! o ja! für jede Jahrzeit. In Einem schlaf ich, im Andern wach ich auf, im Dritten leg ich mich nieder, wie's eben mein plaisir ist.

Herzog.

Und Ihre eigentliche Stammbesitzung, wie heißt diese?

Casperl.

Da ich auch Waldbesitzer bin, besitze ich nicht nur Einen Stamm, sondern sehr viele.

Herzog.

Ihr Ahnenschloß, meine ich.

Casperl (wehmüthig.)

O, die Ahnungen! Ja die sind oft furchtbar, wenn sie sich erfüllen. Auf jedem meiner Schlößer ist auch eine Ahnfrau. Wenn mir etwas gutes

bevorsteht, so schaut sie in einer weißen Nachthau=
ben aus dem Fenster. Habe ich ein Unglück zu
befürchten, so setzt sie eine schwarze auf und wa=
ckelt mit dem Kopf.

Herzog.

Fürchterlich! aber gerade solche Erscheinungen
bürgen für das Alter Ihres Geschlechtes.

Casperl.

Mein Geschlecht ist eigentlich männlicher
Natur.

Herzog.

Ohne Zweifel sind Sie, lieber Graf, männlich
und ehrenhaft, wie es einem Edelmann ziemt!

(Ein Lackei tritt ein.)

Lackei.

Ew. Durchlaucht die Tafel ist servirt. (ab.)

Herzog.

Lieber Graf, jetzt geh'n wir zur Tafel.

Casperl (vergißt sich.)

Juhe! jetzt gibts was z' Essen! mich hungert
schon lang!

Herzog.

Sie scheinen sehr fröhlich gestimmt, lieber Graf!

Casperl.

Was gestimmt? Wär nit übel wenn ich gstimmt wär! das verbitt ich mir!

Herzog.

Die Prinzessin wird mit uns speisen, lieber Carabas.

Casperl.

O sehr! sehr!

Herzog.

Kommen Sie!

Casperl.

Ich bin bereit und bei bestem Appettit, wenn's erlaubt ist. (Casperl und Herzog ab.)

Muzl (allein.)

Während der Hoftafel werde ich mein Geschäft mit dem Riesen Lüpel abmachen. Da heißt's aber laufen damit ich zu rechter Zeit wieder hier bin, um Casperl Nachricht zu bringen. Ewige Mächte steht mir bei! Meine Verbannungs = und Ver= wandlungszeit mag wohl abgelaufen sein! Ich habe gelitten und gebüßt, hinlänglich. Lüpel soll nun meiner Schlauheit unterliegen und mein Zau= ber gelöst werden. (ab.

Verwandlung.

Hof der Burg des Riesen Lüpel.

Riese Lüpel
(im übeljen Humor).

So gibt es denn keine Ehrlichkeit mehr auf
Erden! Ich glaubte, daß dieser elende Kerl von
Gummielastico ein redlicher Mensch sei, allein auch
in ihm habe ich mich getäuscht. Er war ein Schuft
sondergleichen. Darum habe ich ihn auch erdrückt.
Er hat nichts Anderes verdient. Und nun schwör'
ich bei meinen edlen Ahnen, den Riesen Ecke und
Fasolt, bei meiner Frau Tante Rütze und bei den
Onkeln Asprian und Heime, die Prinzessin Rosalinde muß mein werden; allein sobald ich sie mir
geraubt, werde ich sie auch erdrücken. Ich bin mit
der ganzen Welt zerfallen; drum will ich meinen
Riesenhumor an ihr auslassen! Und habe ich
Rosalinde zermalmt, so will ich sie begraben und
will ihr eine Todtenfeier halten. Meine Burg will
ich anzünden, daß Alles in hellen Flammen auf-
gehe und bei dem Riesenfackelschein will ich diesen
Ort der Erde verlassen und will zurückkehren in
das Hünengebirg; aus den Felsen will ich mir
eine Klause bauen auf dem höchsten Gipfel und

will herabschauen auf die Erbärmlichkeit der Menschen und will hellauf lachen, daß es durch die
Lüfte hinrollt wie Donner der Gewitter:
(es klopit am Thore.)

Wer wagt es an meinem Thor zu pochen?

Muzl (von Außen).

Einer, der dir dienen will, wie's dir lieb ist.

Lüpel.

Wieder Einer, der Lug und Trug im Sack hat.

Muzl
(ist auf die Mauer gestiegen.)

Den Menschen willst du nicht mehr trauen,
so glaube an die Treue der Katze.

Lüpel.

Das ist sonderbar! Die Menschen sind Schufte!
vielleicht sind die Katzen ehrlich. Herab mit dir
von der Mauer.

Muzl.

Thust du mir nichts zu Leid?

Lüpel.

Ich schwör's und sollte ich grimmig wie ein
Löwe sein.

Muzl (lacht).

Ha ha! Der Löwe gehört zu meinem Geschlechte, der würde wohl seines Gleichen nichts anthun. Und du — ein Löwe? ha ha!

Lüpel.

Wie? du glaubst ich könnte kein Löwe sein? Ich der ich die Gewalt habe, mich in alle Ge= stalten zu verwandeln.

Anzl.

Das möchte ich sehen. Du lügst Riese.

Lüpel.

Der Riese Lüpel lügt nicht. Sieh her.
(verwandelt sich in einen Löwen.)

Anzl.

Das hast du gut gemacht
(Lüpel brüllt wie ein Löwe.)

Oho! brülle nicht so, ich fürchte dich. Aber sage: nun hast du dich in das mächtigste Thier der Erde verwandelt, das ziemt dem Riesen; aber könntest du dich auch in der Gestalt einer kleinen Maus zeigen?
(Lüpel brüllt.)

Die Gestalt des Löwen ist nicht überall brauch= bar. Als solcher könntest du nicht zur schönen Prinzessin Rosalinde kommen, sie lief gleich davon; aber als ein niedliches Mäuschen könntest du durch jede Ritze der Mauer zu ihr gelangen. Warum

ist dir das nicht schon einmal eingefallen? Werde
eine Maus und ich will dir den besten Weg in
das Gemach der Prinzessin zeigen.
(Lüpel brüllt und lacht, indem er sich in eine Maus verwandelt.)

Bravo! bravo! du bist wirklich ein gewaltiger
Zauberer. Ich bin bereit dir zu dienen. Laß uns
nun unsern Vertrag schließen.
(springt von der Mauer herab, packt die Maus und frißt sie.)
Furchtbarer Donnerschlag. Eine Stimme von oben spricht:

Der Zauber ist gelöst, vorbei der Strafe Zeit,
Nun sei fortan vom Katzenfell befreit.
Denn Stolz und Hochmuth hast du abgebüßt
In niedriger Gestalt. Nun sei gegrüßt
In menschlicher Person als Katzengold;
Das Schicksal hat vergeben — ist dir hold!
Donnerschlag. Muzl verwandelt sich in den Professor Katzengold.

Katzengold.

Ich danke dir, gerechte, ew'ge Macht,
Daß ich befreit bin aus der thier'schen Nacht!
Das Katzenfell hat mich gejuckt und sehr gedrückt,
Die Menschenhaut nun wieder mich beglückt!
Von nun aber will ich allen Hochmuth hassen
Und mich nur mit Bescheidenheit befassen.
(Trompetenstoß von Außen.)

Aha! das wird Casperl sein, der als Graf
15

Carabas in sein Schloß einzieht. Die Maus ist verschluckt und der Riese nicht mehr zu fürchten!

Die Musik spielt einen feierlichen Marsch.

Das Thor des Schlosses öffnet sich und auf goldenem Wagen von weißen Rossen gezogen fährt Casperl mit Prinzessin Rosalinde feierlich ein. Die phantastische Ausschmückung des begleitenden Zuges bleibt dem Regisseur überlassen.

Der Vorhang fällt.

Herbed,
der vertriebene Prinz.

Romantisches Zauberspiel
in 3 Aufzügen.

Perſonen.

Prinz Herbed von Allahbad.
Mobed, Magier, deſſen Erzieher.
Myrrha, Mobeds Tochter.
Moſchopulos, böſer Magier und Uſurpator.
Meben, deſſen Diener.
Casperl Lariſari, Schuhmacher in Allahbad.
Zwei türkiſche Sklavenhändler.
Genien, böſe Geiſter, Krieger und Volk.

I. Aufzug.

Höhle, bewohnbar eingerichtet, mit magischen
Geräthschaften.

Mobed, vorne in einem Buche studierend. Prinz Herbed schläft
auf einer mit einem Tigerfell bedeckten Erhöhung.

Mobed.

Ich les' es in den Gestirnen: bald wird die
Zeit der Prüfung vorüber sein. Die Sonne nähert
sich dem Jupiter, das Sternbild des Schützen ver=
dunkelt. Armer Prinz! von königlicher Pracht warst
du als Kind umgeben; darben mußtest du als Jüng=
ling. Statt auf sammtnen Kissen zu ruhen, hast
du in dieser kalten Höhle einen harten Stein zum
Ruhebett; statt der köstlichsten Kleider umhüllt dich
ein Thierfell; nicht herrliche Speisen nähren dich,
die Frucht des Dattelbaums und der Trank aus der
Quelle müssen dir genügen, kein golden Diadem
schmückt deine Stirne! — Edel bist du und stark
an Geist und Leib! Wohl denn; es ist an der
Zeit, daß ich dich aus deinem Traume wecke. Her=
bed! Herbed!

Herbed.

Die Helle scheint mir ins Antlitz! Es ist wohl spät — lieber Mobed? Ich habe lang geschlummert.

Mobed.

Längst ist die Nacht vergangen und die Sonne steht über den Bergen. Sei gegrüßt mein Sohn.

Herbed (aufstehend vom Lager.)

Ich träumte diese Nacht so lebhaft, als säh ich die Wirklichkeit. Ein Cherub führte mich in einen goldenen Tempel, nachdem er an dessen Pforte schwarze böse Geister bekämpft und besiegt hatte. Er setzte mich auf einen diamantnen Thron und Völker huldigten mir. Da erwachte ich.

Mobed.

So erwache denn vollends!

Herbed.

Wie meinst du dieß, theurer Vater?

Mobed.

Höre, und schenke mir deine ganze Aufmerk= samkeit in dieser heiligen Stunde: Du trittst heute in dein achtzehntes Lebensjahr und ich will dir nicht länger verschweigen, was du einmal doch wissen mußt.

Herbed.

Deine Worte überraschen und ergreifen mich. Rede, mein Vater. Ich will dir lauschen, als seien deine Worte die heiligen Chöre der Engel, welche im Osten den Aufgang der Sonne verkünden.

Mobed.

Eine lange Zeit ist es, daß ich mit dir diese Höhle bewohne und ein Kindlein kaum zwei Jahre alt warst du, als ich dich auf meinen Armen hieher trug. In einer herrlichen Königsstadt bist du geboren nicht von niederer Abkunft, denn — vernimm es — du bist eines Königs Sohn.

Herbed.

Ihr Götter! Ich eines Königs Sohn?

Mobed.

So ist's. Dein Vater beglückte seine Völker und seine Herrschaft war reich an Segen; allein ein Unstern wollte es, daß der böse Magier Moschopulos ihn vom Throne stieß. Der gute König fiel im gerechten Kampfe, seinen Thron zu behaupten. Moschopulos bestieg ihn; ich war deines Vaters Freund und Rathgeber und floh mit dir auf diese Insel, um dich vor dem Untergange zu retten.

Herbed.

Du also nicht mein Vater? und doch! du warbst
mir's ja. Sieh mich hier dankend zu beinen Fü=
ßen. (Er umklammert seine Kniee.)

Mobed.

Erhebe dich und laß dich an mein Herz drü=
cken. Bald — nach schweren Kämpfen vielleicht —
wird die Sonne beinen königlichen Scheitel bestrah=
len und dann bin ich dein Knecht!

Herbed.

O niemals, niemals! und wenn ich König der
Könige würde — immer werde ich dich als mei=
nen weisen Lehrer achten. Alles banke ich dir!
nicht nur mein Leben, sondern auch die Lehren der
Weisheit, die du mir gabst, und in deiner Nähe
bin ich glücklich und zufrieden.

Mobed.

So bleibe den Lehren, die ich dir gab, treu.
Höre nie die Stimme der Verführung, in was
immer für einer Gestalt sie sich dir auch nahen möge.
Die Sterne haben es mir verkündigt, daß die
Zeit deiner Dunkelheit bald abgelaufen sei. Um
jedoch volle Gewißheit zu erlangen, ob die Hülle

jetzt gänzlich fallen soll, muß ich dich auf kurze
Zeit verlassen. Ich muß mich in die Königsstadt
Allahbad begeben, aus der wir vertrieben wur=
den; finde ich dort, was mir zu deiner Erhebung
als König noch nothwendig ist, so kehre ich zurück.
Zunächst ist dein Planet noch von düstren Schatten
umhüllt, allein mit der Götter Hülfe werden sie fallen
und ich werde sie durch meine Magie bewältigen.

Herbed.

Weh mir, daß du mich, wenn auch nur auf
kurze Zeit, verlassen willst!

Mobed.

Sei klug und standhaft   Lebe wohl!

Herbed.

Lebe wohl, theurer Mobed! o komme bald wieder!

Mobed.

Die Götter sei'n mit dir! geleite mich noch an
den Strand des Meeres, wo ein Schiff meiner
harrt, von Fahrleuten bemannt, welchen du und
dein Schicksal unbekannt sind. Dann kehre in diese
Höhle zurück und verlaße sie und ihre nächste Um=
gebung nicht eher, bis ich wieder bei dir bin.

(Beide ab.)

(Moschopulos erscheint unter Flammen aus der Tiefe.)

Moschopulos.

Die Gestirne lügen, weiser Magier! Noch ist
der Schütze da, dessen Sternbild du verdunkelt wähnst!
Fluch dir und dem Prinzen! Fluch deiner Weis=
heit! die Gewalt des Bösen soll auf Erden herr=
schen. Darum habe ich gesiegt und nimmer sollen
Weisheit und Tugend triumphiren Der Versucher
naht und Herbed muß erliegen. Auf! ihr hölli=
schen Mächte, helft mir, wie bisher. Ihr bösen
Geister, die ich durch meine schwarze Magie ge=
bannt habe, umnebelt Herbed's Sinne.

(Es donnert und häßliche Gestalten und Erscheinungen zeigen sich,
die aber bald wieder verschwinden.) (Moschopulos verschwindet.)

Herbed (kömmt zurück.)

Er ist zu Schiff! — So hat also das himm=
lische Traumbild nicht gelogen. Eine wunderbare
Zukunft liegt vor mir. Wie von der Spitze eines
Berges schaue ich hinab und im goldnen Sonnen=
schimmer glänzend liegt ein reiches, üppiges Thal
zu meinen Füßen — mein Eigen: Ihr Götter
schützt mich! schützt den weisen Mobed!

(Moschopulos in Gestalt eines alten Anachoreten erscheint am
Eingang der Höhle.)

Moschopulos.

Unglücklicher Jüngling! Du betest für Deinen Feind!

Herbed.

Wer ist hier?

Moschopulos.

Ich bin es — ein armer alter Mann.

(Er tritt näher.)

Herbed.

Noch keine menschliche Seele fand den Weg in diesen öden Pallast; wie kamst Du hieher?

Moschopulos.

Wenige Meilen von hier, in tiefster Einsamkeit, mein Sohn, lebe ich als Anachoret der Wüste seit mehr denn einem halben Jahrhundert. Ich habe Dich oft belauscht, wie Du als Knabe am Ufer des Meeres mit Muscheln spieltest; oft habe ich Dir vom fernen Felsen aus zugeschaut, wie Du als Jüngling mit sicherem Speerwurfe den Tiger erlegt hast. Ich liebte Dich; denn Dein Wesen gefiel mir. Dein Schicksal erregte meine Theilnahme und so wartete ich den Augenblick der Entfernung Mobed's ab, um Dir meine Liebe nicht nur aus der Ferne zu bezeigen.

Herbed.

Und warum wolltest Du aber Mobed's Abwesenheit benützen, um es zu thun? Hast Du nicht gleiche Gesinnung mit ihm, da Du mir von Deiner Zuneigung sprichst?

Moschopulos.
Ich? gleiche Gesinnung mit einem Verräther?

Herbed.
Frevle nicht! Tritt nicht feindlich in den Zauberkreis, den Liebe und Dankbarkeit um mich gezogen haben.

Moschopulos.
Du kennst Mobed nur durch ihn selbst, nicht durch fremdes Urtheil. Ein täuschend Bild hat er Dir von sich selbst gemalt. Ich kann und will es Dir beweisen.

Herbed.
Vergeblicher Versuch wird es sein, eine Schrift, die mit goldenen Buchstaben in mein Herz gezeichnet ist, zu verwischen.

Moschopulos.
So höre mich an — dann wirst Du glauben und anderen Sinnes werden.

Herbed.
Niemals, niemals!

Moschopulos.
Unter den Verräthern, die mit dem bösen Ma-

gier Moschopulos Deinen edlen Vater vom Throne
verjagten, war auch Mobed. Er befreite Dich,
nicht um Dich zu retten, sondern um Dich der Treue
eines Dieners zu entreißen, der Dich in Sicherheit
bringen wollte. Schon hatte er selbst den Dolch
auf Dich armes Kind gezückt, als er in den Zügen
des magischen Ringes, der an Deinem Hälslein
hing und dessen er sich bemächtigen wollte, las, es
erlösche seine Wunderkraft mit Deinem Tode.

Herbed.

Es kann nicht also sein! Du lügst! Wozu
all diese Liebe, an mir verschwendet?

Moschopulos.

Sieh, hier unter dem Felsen ruht ein Kästchen,
in welchem der Ring verborgen ist. Hat Mobed
Dir jemals von ihm Kunde gegeben?

Herbed.

Nein, niemals.

Moschopulos.

Ich will Dir das Geheimniß zeigen.
(hebt einen Stein auf und nimmt aus der Versenkung ein Kästchen,
aus welchem er einen Ring zieht.)

Dieß ist der Ring der Weisheit und Macht,
den eine mächtige Fee als Geschenk in Deine

Wiege gelegt hatte — Mobed hätte ihn längst be=
nützt, allein erst mit dem 18. Jahre Deines Lebens
tritt seine Kraft in Wirksamkeit. So hatte es die
Fee bestimmt, damit er nicht von dem unmänn=
lichen Jünglinge etwa mißbraucht würde.

Herbed.

Und Mobed?

Moschopulos.

Mobed eilt jetzt nach Allahbad, um ein siche=
res Gefängniß für Dich zu ermitteln, wo Du,
Bethörter, eingekerkert würdest, damit eben dieß
Dein Leben, an welches die Kraft des Ringes ge=
bunden ist, erhalten werde.

Herbed.

Schändlich, wenn es so ist! — Aber ich stehe
zwischen zwei mächtigen Gewalten, deren jede mich
an sich reißen will. Mobed's theure Gestalt die
sich mir bisher in der herrlichsten Verklärung ge=
zeigt und Du, der Du in kluger Rede mir den
Spiegel der Wirklichkeit zeigen willst und Gewicht
an Gewicht auf die Schale legtest, die meine Liebe
zu Mobed in schwarze Vergessenheit versenken soll!
— Wo finde ich die Wahrheit?

Moschopulos.

Wohl nur in der Uebereinstimmung der Dir dargelegten Umstände. Warum hat Mobed Dir gerade heute nicht Alles geoffenbart? Warum erwähnte er nicht des Ringes, wenn er ihn Dir auch nicht zu geben veranlaßt sein mochte? Sind dieß nicht hinlängliche Beweise?

Herbed.

Aber, sage, woher ist Dir Alles bekannt! Könntest nicht Du selbst ein Betrüger sein, der sich Geheimnisse erschlichen zu irgend Deinem Zwecke?

Moschopulos.

So nimm den Ring hier, und prüfe die Wahrheit. Sowie er an Deinem Finger ist, bist Du der Weiseste auf Erden.

Herbed.

Es sei! aber weh Dir, wenn Du mich getäuscht hast! Wehe Mobed, wenn er mich betrogen!
(Er nimmt den Ring und steckt ihn an seinen Finger.)

Donnerschlag. Moschopulos sinkt vor ihm auf die Kniee. Ringsum erscheinen Dämonen in Gestalt von S. . . n und Sclavinnen. Genien umtanzen Herbed, Guirlanden schwingend, führen ihn auf einen goldenen Thron, der sich aus der Erde erhoben hat, und krönen ihn mit einem strahlenden Diademe.

Chor.

Heil Dir, Herbed, Heil Dir Meister,
Dem Beherrscher mächt'ger Geister,
Der als eines Königs Sohn
Herrlich pranget auf dem Thron.

Deine Feinde sind erlegen,
Die Dich stürzten so verwegen,
Da des Rings geheime Macht
Dich erhob zur alten Pracht.

Hier sind wir bereit erschienen
Dir als Sclaven nun zu dienen,
Deinem Winke, Deinem Wort;
Sei uns König, sei uns Hort!

Herbed
(stolz und hochmüthig).

Ja, es ist die Wahrheit! Ich sah's diese
Nacht im Traume! Wer Du immer seist, from=
mer Einsiedler, Dir danke ich's, daß ich der Lüge
nicht erlegen bin. Ja! ich bin ein König! Ich
fühle es: Weisheit ist mein Erbtheil und zieret
den Thron, den ich von meinem königlichen Vater
geerbt, obgleich böse Mächte mir ihn so lange vor=
enthalten. Wehe aber dem Elenden, der mich in

trügerischem Schlummer befangen hielt! Ihn zu=
erst treffe meine Rache als gerechte Strafe seines
Frevels. Auf! auf! nach Allahbad in meine
Königsstadt folgt mir zu meinem feierlichen Ein=
zuge. (zu Moschorulos) Und Du, sei fortan mein
Freund, mein Rathgeber, bleibe mir zur Seite.

(Steigt vom Throne herab.)

Mobed erscheint, von einem weißen Adler durch die Luft getragen.

Mobed.

Halt ein, Bethörter! Verschwindet ihr Ge=
stalten der Lüge und des Trugs!

Ein Blitz fährt herab. Der Thron versinkt, Alle verschwinden, Her=
bed ausgenommen.)

Herbed.

Wie? Du wagst es, mich abermals von mei=
nem Throne zu stürzen? Ist des Verbrechens noch nicht
genug, was du an mir und meinem Vater be=
gangen hast?

Mobed.

Armer, getäuschter Herbed! Ich beklage dich.
Der Ring, dessen Wundermacht du segnest, ist
dein Fluch! Sein geheimer Zauber bringt dem,
der ihn am Finger trägt, das Unheil der Verblen=
dung und des Hochmuths, nicht das Glück der
Weisheit. Aus dem Gehirne der schwarzen Schlange

16

Kaliga sprang er, als der Befreier Krisna ihr den
Kopf zertrat. Den Stolz hast du durch diesen
Zauber gewonnen, der den ersten Menschen gestürzt
hat, und nicht eher wirst du von deinem Wahne
geheilt, bis du diesen Zauberring und mit ihm
den Hochmuth freiwillig von dir wirfst.

Herbed.

Immer zu! Lüge auf Lüge! — In den Staub
wirf dich, Elender, vor deinem Herrn und Gebieter! oder flieh mich, ehe mein gerechter Zorn
dich straft!

Mobed.

Ueber mich hast du keine Gewalt, denn mein
Zauberstab ist in den heiligen Gewässern der Lo-
tosblume geweiht. Weiß und rein ist die Quelle
meiner Magie! O theurer Herbed! wie liebe ich
dich! Entsage der trügerischen Macht des Ringes,
den ich dir seiner Gefahr wegen verborgen hielt.
Komm an mein väterliches Herz! Jetzt ist noch
Rettung möglich.

Herbed.

Spare deine heuchlerischen Worte und überlasse
mir jetzt den Schatz der Weisheit. Wie kannst du
glauben, daß ich einer Gewalt entsage, die mich

zum Weisesten der Menschen gemacht hat? Sollte ich so verblendet sein?

Mobed.

Ja, du bist verblendet, Unglücklicher! Du eilst in dein Verderben! — Entsage, ich beschwöre dich! wo nicht, so magst du den herben Schmerzensweg gehen, um endlich zur Erkenntniß zu gelangen, daß du ein Thor warst.

Herbed.

Immerhin! deiner Lehren bedarf ich nicht, Ver=räther.

Mobed.

So sei es, weil du es selbst willst. Möge der Tag kommen, an welchem du den Ring selber von dir wirfst! (den Zauberstab erhebend.)

Versinke denn im Hochmuthswahn,
Zu wandeln eine Schmerzensbahn,
Bis aus der Nacht, der du ergeben,
Du endlich mögest dich erheben.

Herbed.

Weh! mir schwinden die Sinne!

(Er sinkt zusammen.)

Der Vorhang fällt.

16*

II. Aufzug.

Platz in Allahbad. Der königliche Pallast.

Herbed (tritt ein.)

So bin ich denn hier in den Mauern der Königsstadt. Ein armer Wanderer stehe ich vor den
Pforten meines Pallastes, unerkannt noch, ein
Frembling; allein bald werde ich erkannt sein und
die Weisheit wird auf dem Thron erhoben werden.
Vergebens waren die schändlichen Bestrebungen
meiner Feinde. Der Ring schützt mich und wie
der Schimmer von dessen leuchtendem Steine mir
entgegenglänzt, so werde ich auch in königlichem
Schmucke herniederstrahlen und alle Völker werden
vor mir im Staube liegen. Und nun will ich an
die Pforte des Pallastes pochen, der mich bald als
seinen Herrn aufnehmen soll. (Er pocht an die Pforte.)
(Von zwei Kriegern begleitet tritt Medon heraus.)

Medon.
Wer klopft an des Königs Haus?

Herbed.
Der König ist es selbst.

Aebon.

Der König? — Du magst ein König sein; allein hier herrschest Du nicht.

Herbed.

Ich weiß es, daß ein Betrüger sich der königlichen Gewalt bemächtiget hat; ich weiß es, daß der Verräther Moschopulos auf dem Throne sitzt.

Aebon.

Wer wagt es, solch' eine Sprache zu führen? Weh Dir! Entferne Dich, oder ich lasse Dich von der Wache ergreifen und Deinen Frevel züchtigen.

Herbed.

Erkenne mich! ich bin Herbed, eures vertriebenen Königs Sohn. Ja, ich bin der weise Herbed.

Aebon.

Ein Betrüger bist Du; denn Herbed ist längst todt.

Herbed.

Er lebt! Er lebt, um wieder in seine Rechte zu treten!

Aebon.

Narren muß man unschädlich machen. Wachen, ergreift ihn! (Die Wache tritt gegen Herbed.)

Herbed.

Zurück, ihr Sklaven, berührt mich nicht!

Nebon.

Fort mit Dir!

Herbed.

Wenn ich denn der Gewalt weichen muß, so führt mich zu Moschopulos.

Nebon.

Feßelt ihn!

(Die Wache bindet ihm die Hände. Alle ab in den Pallast.)

Casperl
(ein paar Stiefel tragend, tritt auf).

Jetzt bin ich schon im Voraus überzogen, daß das ganze Publicus ungeheuer verwondert ist, weil ich mich hier unter die Indianer befind. Aber troß aller Täuschung, troß aller Unharschweinlich=keit, meine Herren und Damen, es ist doch so. Das Mißgeschick — nicht das Geschick einer Miß (denn ich bin keine) — hat mich in diese alte Gegend verschlagen, ich weiß gar nit wie? Das heißt: ich weiß schon wie? und das will ich Ihnen gleich verzählen, wenn's auch e bißl langweilig 'raus kommt. Von Geburt war ich nehmlich gar Nir, als der Casperl Larifari; allein allmählig

drohte die Cultur des modernen Zeitalters mich
abzuschaffen, so daß ich mir nir dir nir z'nach
und z'nach verhungert und verdurst wär'; aber so
was halt der Casperl nit aus. Pumps dich! war
mein Entschluß gefaßt und meine Fassung ent=
schlossen. Die wirthshäusliche Bekanntschaft mit
einem gebildeten Schustergesellen regte mich lebhaft
an, trotz des Pechs, dessen Umgang mir bevorstand,
trat ich in die stille Werkstätte eines sogenannten
Schusters; ich war Schusterjunge und schwang
mich (er hüpft ungeheuer in die Höhe) bald zum Gsellen
oder besser gesagt zum „Jesellen“ empor. Jetzt
hat's aber gheißen: „Casperl auf d' Wanderschaft“
— ja und denken's Ihna nur, da bin ich halt
alleweil gwandert und gwandert bis ich ganz aus
der Zeit 'naus marschirt bin zu die alten Indianer, und jetzt bin ich nach Erlangung einer per-
sönlichen Conzession ohne Beeinträchtigung der hier
zunftmäßigen Sandalienmacher gewichster Schuh=
und Stiefelmacher und zwar königlich indianischer
Hoflivreeschuster, insoferne ich der Dienerschaft Sr.
Majestät des Königs Schomopulus Juchten= und
andere Stiefel zu fabriciren die Lehre habe. (Athmet
aus) So — jetzt wissens mein Lebensgschicht für

heut, mit Respect zu melden. In diesem Augen=
blick bring ich dem Herrn Leibkutscher, der mit die
vier Leiblöwen vom Bock aus fahrt, ein niglnagl=
nuglneues Paar Kappenstiefel. — Wer lauft denn
da her auf mich?

Myrrha
(stürzt sich ihm zu Füßen).

Rette mich, Unbekannter, wenn Du Erbarmen hast!

Casperl.

Wa — was wär denn das? Was woll'n S'
denn, Mamsell?

Myrrha.

Sieh dort, die zwei Elenden, welche mich ver=
folgen. Sie haben mich geraubt und wollen mich
nun auf den Sclavenmarkt bringen, um mich zu
verkaufen.

Casperl.

Ha! was! Du, eine Gschlavin? Nein!

Zwei Türken treten rasch ein.

Erster Türk.

Wart, Katze, wir kriegen Dich schon wieder!

Zweiter Türk.

Her zu uns, Du gehörst uns.

Casperl.

Oho, das wär nit übel. Gestohln's Gut!

Erſter Türk.

Gib ſie los, oder Du fallſt unter meinem
Dolche!

Myrrha (zu Casperl beiſeite).

Sag ihnen, Du wolleſt mich als Sclavin kaufen.

Casperl (vornehm).

Was koſtet dieſe Geſchlavin? Ich will ſie kaufen.

Zweiter Türk.

Wenn Du gut bezahlſt, ſoll ſie Dein ſein. (zum
erſten Türken) 'S iſt beſſer wir verkaufen ſie gleich.

Erſter Türk.

Gib 100 Piaſter und Du ſollſt ſie haben.

Casperl.

100 Pflaſter? Ich bin ja kein Bader, der mit
Pflaſter handelt.

Myrrha.

O ſage „ja,“ damit ich gerettet ſei.

Casperl.

Alſo Ja! 100 Pflaſter. In einer Stund
könnt Ihr's bei mir abholen. Dort unten logir
ich, ſchaut's nur auf die Tafel an der Thür:
„königlicherHoflivréeſchuhmachermeiſter.“
In meiner Behauſung werd ich Euch gehörig aus-
zahlen.

Erster Türk.

Gut! 's ist recht. In einer Stunde komme ich, die Bezahlung zu holen, (beide Türken ab).

Myrrha.

Großmüthiger Menschenfreund, nimm meinen Dank! Ich will Dir treu als Sclavin dienen, da Du mich vor diesen Teufeln gerettet hast.

Casperl.

Mir ist's recht. Ich habe so grad keine Köchin. Kannst du kochen?

Myrrha.

Ich will Dir Datteln in Cocusnusmilch bereiten und rohe Feigen trocknen.

Casperl.

Was wär das? Hocuspocusmilch? Ohrfeigen? Kannst du keine Bratwürsteln braten?

Myrrha.

Nimm mich nur mit Dir. Du sollst gewiß mit mir zufrieden sein.

Casperl.

Ja, aber wer bist du denn eigentlich?

Myrrha.

Dieß ist ein Geheimniß; wenn ich aber sehe,

daß ich Dir Vertrauen schenken darf, so sollst Du es einmal erfahren.

Casperl.

Also komm, geheimnißvolle Person! Ich will dich in meinen Schuster=Pallast führen. Die Stiefel da kann ich dem Herrn Leibkutscher später auch bringen. (Beide ab)

Verwandlung.

Gemach im königlichen Pallaste.

Moschopulos mit Mebon eintretend.

Moschopulos.

Er ist also da, wie Du mir meldest?

Mebon.

Großer König, Dir zu dienen. An der Pforte, wo er als König Einlaß begehrte, ergriffen wir ihn.

Moschopulos.

Mein Plan ist gelungen. Ich habe Herbeb hieher gelockt, trotzdem daß Mobed es vereiteln wollte. Der verhängnißvolle Ring steckt an seinem

Finger und dessen geheime Zaubergewalt umnebelt
seine Sinne mit dem einfältigen Wahne, daß er
der Weiseste auf Erden sei und der Hochmuth wird
ihn vollends ins Verderben stürzen.

Mebon.

Vor Allem muß Dir daran liegen, daß Herbed
nicht zur Erkenntniß komme über die eigentliche
Wirkung und Kraft des Ringes. Sollte er ihn
von sich werfen, so wärst Du verloren und unser
Reich wäre hier zu Ende.

Moschopulos.

Wer könnte ihn dazu veranlassen?

Mebon.

Mobed wird nicht ablassen, ihn auf gute Wege
bringen zu wollen.

Moschopulos.

Darüber befürchte ich nichts; denn eben der
Wahn, in welchem Herbed durch des Ringes ge=
heime Kraft befangen ist, wird ihn hindern, auf
den Ring zu verzichten. Jedenfalls aber will ich
mich von Herbeds Zustand selbst überzeugen. Laß
ihn vor mich bringen.   (Mebon ab.)

Moschopulos (allein, kniet nieder).

O großer Rhabun, du, Onderah's[*] Herrscher,
Der mit Moisasur du das Licht bekämpftest —
Dein Knecht erhebt die Hände zum Gebet:
Laß mir die Macht, die ich erstrebt, erhalten,
Daß dieses Reich mit allen seinen Völkern
Der Hölle angehör', in der du thronest.
Verflucht hat Brahma dich zur schwarzen Nacht;
Darum beschütz' uns, die wir dir gehören
Und durch die List schwarzer Magie verbreiten
Dein Reich, um deine Macht nur zu vermehren.
Was steht bevor mir nach der irb'schen Laufbahn,
Als zu versinken in die Nacht des Nark's,
Um tausend mal viel tausend Jahre wandernd
In schmählichster Umwandlung zu verkümmern.
So laß für diese kurze Erdenzeit
Mir den Genuß der Herrschaft und der Freude!
O großer Rhabun, höre mich! Ein Zeichen
Gib, daß mein heißes Flehen du vernahmst.

(Donner. Moschopulos steht auf.)

Ich danke dir! des Donners mächtig Rollen
Ist deine Stimme, die jetzt zu mir sprach!

(Aebon tritt ein, mit ihm der gefesselte Herbed.)

Aebon.

Hier ist der Fremdling großer König!

_____

[*] Onderah — die Finsterniß.

Moschopulos.

Niebon entferne Dich! (Nieben ab.)

(zu Herbed.) Was suchst Du hier?

Herbed.

Mein gutes Recht.

Moschopulos.

Dein gutes Recht? und was ist's?

Herbed.

Allahbad's Krone und Scepter.

Moschopulos.

Nicht mehr als dieß? Wie bescheiden!

Herbed.

Und wenn ich auch nicht des durch Dich selbst
gestürzten Königes Sohn wäre, so müßte ich schon
um meiner Weisheit willen der Herrscher dieses
Reiches sein.

Moschopulos.

Glaubst Du, daß Moschopulos auch dem weisesten der Erde seinen Thron überlassen würde?
Die Macht ist das Recht und wer die Gewalt
hat, weicht auch der Weisheit nicht.

Herbed.

Alle Gewalt und weltliche Macht schwindet;
die Weisheit kehrt zu den Göttern.

Moschopulos.

Und doch begehrst Du weltliche Macht für Dich?

Herbed.

Weil sie mein gerechtes Erbe ist.

Moschopulos.

Ich aber habe die Erbfolge umgestoßen, weil
die Götter es wollten. Fort mit Dir! Pflege der
Weisheit, belehre die Menschen, wenn Du es ver=
magst, eines beßern. Nähre Dich von Deiner Weis=
heit wie das Murmelthier, das im Halbschlafe das
Fett aus den eignen Tatzen saugt.

Herbed.

Spotte wie Du willst! Immerhin! so will ich
gehen und geduldig harren, bis der Tag erscheint,
an welchem Herbed erkannt wird.

Moschopulos.

(ruft) Mebon! (Mebon kömmt) Entfeßle diesen wei=
sen Thoren und gib ihm die Freiheit.

Mebon.

Wie Du befiehlst, hoher Herr.

(Er entfeßelt Herbed.

Herbed.

Wohlan! — wir sehen uns wieder. (geht ab.)

Mebon.

Aber warum, großer König, ließeft Du ihn nicht
tödten?

Moschopulos.

Er foll leben! Noch war's nicht an der Zeit,
ihn zu vertilgen. Fürchte nichts! mich schützt Rha=
'bun, der finftern Mächte Gebieter.   (ab mit Mebon.)

Verwandlung.

Schuhmacherwerkftätte.   Im Vordergrund ein
schlechtes Ruhbett.

Casperl tritt mit Myrrha ein.

Casperl.

So, jetzt fam' mer z'Haus. Da drinnen ift
dein Stübl. Ein Strohfack von Palmblätter und
eine Decken. Jetzt kannft a bißl raften. Du woißt,
was ein Gschlav oder eine Gschlavin zu thun hat?

Myrrha.

Zu gehorchen.

Casperl.

Alfo erwarte meine weiteren Befehle. In der
früh machft du mir meinen Kaffee. Viel Kaffee

und viel Rahm! nachher aufbetten, Zimmer putzen,
auf'n Markt geh'n, 's Fleisch holen. Um 10 Uhr
zwei Maß Bier und 12 paar Bratwürst — —
(man hört Schritte) Still, da hör ich was. Das könnt
der Türk sein, der sein Geld will. Also marsch,
gschwind hinein! (Myrrha ab.)

(Ein Türk tritt ein.)

Türk.

Hier bin ich, jetzt bezahle?

Casperl.

Was? wer? wie? Ich bezahlen?

Türk.

Die 100 Piaster, die Du mir für die Sklavin
schuldest.

Casperl.

Was? ich schuldig? was geht mich die Gschla=
vin an? Ich weiß von keiner Gschlavin nir!

Türk.

Wie kommst Du mir vor? hast Du mir nicht
vor einer Stunde ein Mädchen abgekauft?

Casperl.

Ich? — ja was wär denn das?

Türk.

Ja Du! um 100 Piaster. Also zahle.

17

Casperl.

Jetzt, weißt was, Türk? ich verbitt mir die Spaß da.

Türk.

Wie? Du willst so unverschämt sein, es zu leugnen? her mit den Piastern, oder — —

Casperl.

Wart Kerl, Du sollst Dein Pflaster haben.

(prügelt den Türken.)

Türk.

Unverschämter, hör auf!

Casperl.

Nein, die 100 Pflaster sollst Du haben! (schlägt immer heftiger bis der Türke unter Geschrei zu Boden fällt) So, da liegt der Türk! Mir scheint er hat seine türkische Seele ausgehaucht. Um den constantino= politanischen Kerl ist kein' Schad'. Naus damit! (schiebt ihn zur Thüre hinaus) der wird seinen Kamera= den nix davon sagen, wie die Pflaster gschmeckt haben und kommt der andere, so mach ich ihm's grad so. Gschlavin! raus da, 's is Zeit zum Kochen.

Myrrha (kömmt.)

Hier bin ich, Herr; was befiehlst Du?

Casperl.

Schlipperment nochemal! du gfallst mir! Ich

glaub' immer, ich werde dir deine Sklavenketten
in die Rosenguirlanden des ehlichen Bandes ver=
wandeln.

Myrrha.

Deine Sklavin will ich sein; aber nie werd'
ich Deine Gattin.

Casperl.

Wie? du niedrige Person lehnst meinen Hei=
rathsantrag ab? du verschmähst es, daß ich dich
aus deiner erbärmlichen Stellung in die Lage einer
bürgerlichen Schuhmachermeisterin versetzen will?

Myrrha.

Dringe nicht weiter in mich. Alle Deine Worte
wären vergebens verschwendet.

Casperl (hochtragisch)

Du stoßest mich von dir? — Ha! so werde
ich also nicht dein Gatte, aber dein Herr sein
und die ganze Wucht des Sklaventhumes soll
auf dir lasten! Grausam werde ich sein; seckiren
werd' ich dich, auf alle Arten — bis du endlich
„ja" sagst und ich dich — nach Erlangung der
Erlaubniß von Seite einer königlichen hohen Polizei=
Direction — die Meinige in höherem und bedeut=
ungsvollerem Sinne nennen kann.

Myrrha.

Wie Du willst! Du bist der Herr — ich die Sklavin.

Casperl.

So können dich auch meine Drohungen nicht bewegen? Wohlan! wonicht, woher, wohin, worauf — es sei. Du, meine Gschlavin — ich dein Herr und Gebieter! Ha! es sei! Ich glaubte, daß du, wie jeder ordentlicher Dienstbot, mehr auf gute Behandlung als auf guten Lohn siehst — allein ich habe mich getäuscht. Du willst es selbst: also schlechte Behandlung und gar keinen Lohn! dieß wäre überhaupt mancher Herrschaft am liebsten.

Jetzt aber muß ich meine Stiefel zum Leib=kutscher hinein tragen, sonst verliere ich seine Kund=schaft. Einstweilen sperr die Thür von innen zu und schieb den Nachtriegel vor; denn es könnte der Türkl Nummero Zwei seine Pflaster holen und dich bei der Gelegenheit wieder mitnehmen wollen. (gebieterisch) Gschlavin, gehorche! (ab.)

Myrrha (allein.)

Mein weiser Vater hat es so gewollt; ich füge mich seinen Anordnungen; denn er will ja nur Gutes. Aus der stillen Hütte, wo ich bei meiner

Pflegemutter am Ganges seit meiner Kindheit lebte,
sollte ich von den beiden Männer geraubt werden,
um bei diesem gemeinen Schuhmacher das Weitere
zu erwarten, was über mich verfügt würde. Wie
dem auch sei, ich harre geduldig. Aber ich bin er=
mattet von der Aufregung, von der Herzensangst.
Auf diesem Lager will ich etwas ruhen.

(Sie legt sich auf das Ruhebett.) Ihr guten Götter be=
schützt mich! (Sie schläft ein.)

Unter sanfter Musik verhüllt sich die Bühne mit Wolken; aus ihnen
erscheint im Hintergrunde Mobed. Er hält eine Rose in der Hand.

Mobed.

Sie schlummert, ahnet nicht der Vaters Nähe;
Mög ihr ein holder Traum den Schlaf versüßen,
Da Sorge nun bewegt ihr kindlich Herz.
Ihr Götter! lenket gnädig mein Beginnen
Und segnet der Magie geheime Kraft,
Auf daß den dunklen Mächten zum Verderben
Ich meinen Zauber euch zur Ehre übe.

(er tritt aus den Wolken an das Ruhebett.)

Erwache, Myrrha, sieh hier deinen Vater!

Myrrha (erwachend).

Mein Vater! Deiner Stimme holder Klang
hat mich geweckt.

Mobed.

Ich weckte dich, liebe Tochter; denn raschen
Fluges enteilt die Zeit und wir müssen sie benützen.

Myrrha.

Sprich — was soll ich hören? Was soll mit
mir geschehen?

Mobed.

Der arme Prinz Herbed wird heute noch dieß
Haus betreten. Ich sah dieß voraus und deßhalb
veranlaßte ich selbst deinen Raub und daß du
hieher gebracht würdest. Er ist durch den Zauber
des Ringes, den ich ihm seiner verderblichen Ein=
wirkung wegen vorenthielt und zu dessen Besitz er
nur durch Moschopulos Tücke gelangt ist, verblen=
det. Der Wahn angeblicher Weisheit hat ihn mit
Stolz und Hochmuth erfüllt, während er nur durch
Demuth zu seinem Ziele gelangt wäre; denn nur
mit dieser kann meine Magie vereint wirken.
Ich hab nur Ein Mittel, das ich in diesem Falle
zu seinem Besten anwenden kann. Sieh hier diese
Rose. Sie wuchs in meinem den Göttern geweih=
ten Garten, in welchem ich den Strauch mit Brah=
ma's Segen gepflanzt. Ihr Duft verbreitet Liebe

und Demuth. Nimm sie und stecke sie an deinen Busen.

Myrrha.

Und was habe ich zu thun, wenn Herbed naht?

Mobed.

Die Rose wird dir's sagen. Mehr brauchst du nicht zu erfahren. Wenn aber Herbed den verhängnißvollen Ring einmal von sich wirft, wird alles Räthsel schwinden. Leb wohl, geliebte Tochter! lasse dich an mein Herz drücken! Bald sehen wir uns wieder!

Myrrha.

O mein theurer Vater!

Mobed nähert sich dem Hintergrunde und verschwindet mit den Wolken, welche das Zimmer umhüllt hatten.
(Werkstatt wie vorher.)

Casperl (tritt ein.)

Schlipperment, da bin ich wieder. Die Stiefel sind beim Herrn Leibkutscher. Aber jetzt hungert's und durst't's mich. Geschlavin, was hast du mir 'kocht.

Myrrha.

Verzeih mir, Gebieter! Die Müdigkeit hat mich überwältigt. Ich bin eingeschlummert und vor kurzem erst wieder erwacht.

Casperl.

So? — das ist dein Diensteifer? Die Gschla=
vin schlaft und der Herr darf hungern. Marsch
hinaus in die Kuchl! Knödl will ich haben!
Sauerkraut! Schlegelbraten! Bratwürst! Rahm=
strudel! Zwetschgenbatschi! — fort — aus meinen
Augen!

Myrrha.

Ich gehe, wie Du befiehlst; allein Alles_was
Du so eben genannt, ist meinen Ohren neu!

Casperl.

Das macht nir! — nur fort du, sonst vergeß
ich mich in meiner Wuth und beiß dich selber an!

(Myrrha ab.)

Casperl (allein.)

Das wär' mir a sauberer Dienstbot! Nit amol
von die Knödl weiß was. Schlipperment! in meiner
Hühnersteigen sind ja noch a paar Indian. Die
muß sie mir braten; nachher einen grünen Palm=
blattlsalat dazu und eine saure Feigensauce. Das
muß ich ihr gleich sagen. (will hinaus; es pocht an der
Thüre.)
No! No! wieder kein' Ruh! kaum bin ich z'
Haus und will a bißl rasten, hat der Deirel scho
wieder wem da. Schlipperbibir! wer ist draußen?

Die Thüre geht auf. Herbeb tritt ein.

Herbeb.

Der weiſe Herbeb ſucht ein Obdach.

Casperl.

Der weiße Herbeb? Ja ſchwarz biſt freilich
nit, ſonſt wärſt ein Mohr.

Herbeb.

Gönne, daß ich dieſe Nacht unter Deinem
Dache ruhe, und ich werde Dir's königlich lohnen.

Casperl.

Oho! oho! Schon wieder eine neue Gſell=
ſchaft! Jetzt hab ich erſt eine Gſchlavin ins Haus
bekommen und da kommt noch ein Gaſt dazu.

Herbeb.

Du wirſt Deine Gaſtfreundſchaft nicht zu be=
reuen haben; denn wo die Weisheit einkehrt, da
iſt auch die Huld der Götter.

Casperl.

Die Huld der Götter wird bald ſo gnädig
ſein, daß ich ſelber Nir mehr zum Eſſen hab,
wenn die Huld der Götter einem armen Schuſter,
der ſich nit emal ein' Gſellen halten kann, aller=
hand Hungerleider in's Haus ſchickt. Ich will von
die Götter nir wiſſen, wenn ich nur was zum

Essen und Trinken hab, nachher kann mir die Huld
der Götter vom Leib bleiben. Hab'n Sie's ghört,
weißer Gast? Oder sind Sie vielleicht ein wan=
dernder Schuhmachergsell, der en Arbeit sucht? —

(Herbed hat sich unterdessen auf das Ruhebett gesezt

O, geniren S' Ihnen nur net. Gleich nieder=
gießen! Soll ich wohl aufwarten mit Etwas,
was Ihnen besonders schmeckt?

Herbed.

Nichts verlange ich, als ein Obdach.

Casperl.

Ja, das ist aber noch die Frag, ob·ich's Dach
hergib? Rasten kann Er a bißl, aber nachher
mach' Er, daß Er 'nauskommt zum Tempel. Ich
bin kein Wirthshaus. Einweilen werde ich sup=
piren, wie der Franzos sagt. (ruft hinaus) Gschlavin!
mein' Suppen!

(Myrrha tritt ein. Bei ihrem Anblick steht Herbed überrascht
und begeistert auf.)

Herbed.

Welche Erscheinung! Mädchen, bist Du eine
himmlische Bajadere? Ein süßer, wonniger Duft
strömt von Deinem Antlitz aus! Wie ist mir?
Laß mich zu Deinen Füßen niedersinken!

(Er eilt auf sie zu und kniet vor ihr nieder.)

Casperl.

So? — eine alte Bekanntschaft vielleicht? brav, es kommt immer besser. Endlich krieg ich noch die ganze Verwandtschaft in's Haus.

Herbed.

Bei allen Göttern, wer bist Du? sag es mir, ehe ich in Deinem Anblick vergehe!

Myrrha.

Ich bin Myrrha, Mobed's Tochter.

Herbed (erschüttert).

Mobed's — meines Verräthers Tochter? Weh mir! weh Dir!

(Er sinkt bewußtlos zu Boden. Casperl fällt ebenfalls um.)

Der Vorhang fällt rasch.

III. Aufzug.

Dunkles Gemach, spärlich von einer Lampe erhellt. Zaubergeräthschaften. Am Fenster ein Fernrohr, vor welchem Moschopulos steht und beobachtet.

Moschopulos.

Schon halb vergangen ist die Nacht, die Sterne
Verdunkeln vor des fernen Tages Grau'n.
Wie ist mir? mächtiger Rhabun! ich zittre;
Ein unbekanntes Bangen will ergreifen
Mich, einem Weibe gleich? — Was soll's? wohin
Entflieht mein leuchtender Planet? — Das Zeichen
Des Schützen, den Mobed umdunkelt sah,
Wie er in seinem Fluche mir verkündet —
Fürwahr, ich selber seh's in düstrem Schein.
Moschopulos! pfui, schäme dich des Zweifels
Am eig'nen Ich. Mit einmal sollt'st du sinken?
Du solltest untergehen im Glanz des Lebens?
Und doch! — es lügt der Hölle Macht! Ergeben
Hab ich dem Bösen mich! — —

Rhabun, Rhabun!

Vernahm ich deinen Donner nicht, als betend
Ich dich gerufen? — Nun, wohlan, wenn du
Nicht schützest, helfe mir was helfen mag.

(Sieht wieder durch den Tubus.)

Das Sternbild Herbed's steigt im Osten auf!
Die Sterne lügen sagt' ich selbst; so ist's.
Sie lügen mir, so mag es dir auch gelten;
Wenn dein Gestirn dir freundlich schimmernd leuchtet,
Will ich den schwarzen Schleier drüber ziehn!
Wohlan! Herbed du fallst, die Sterne lügen!

(zieht an einer Glocke.)

Mebon (tritt ein.)

Die Glocke rief: Was befiehlst Du, Herr?

Moschopulos.

Ist mein Befehl vollzogen?

Mebon.

Herbed liegt gefesselt im tiefsten Kerker. Wir
hatten seinen Aufenthalt entdeckt. Bei einem armen
Schuhmacher hatte er Obdach gesucht. Obgleich es
gestern noch nicht dein Wille war, so ließ ich seinen
Schritten durch einen Sklaven folgen, um seine
Spur nicht zu verlieren.

Moschopulos.

Das war klug von dir. Kaum hatte ich ihm
die Freiheit gegeben, so beobachtete ich drohende

Zeichen am Himmel. Herbed muß sterben. Im Kerker soll sein Haupt fallen. So lang der Ring an seiner Hand, hat auch Mobed keine Gewalt, ihn zu befreien. Zu meinen Füßen will ich Her= bed's entstellten Körper sehen. Geh' und bereite Alles vor. (Miebon ab.)

Aus der Ferne erschallt ein Geisterchor.

Es schwindet die Nacht,
Das Morgenroth lacht;
Der Sonne zu weichen
Die Sterne erbleichen.

Die Wahrheit zieht ein
Im goldenen Schein,
Und sie zu verkünden
Die Flammen sich zünden.

Es schwindet die Nacht,
Das Morgenroth lacht.

Moschopulos.

Schon vernehm' ich der Geister Chor, die den Morgen verkünden. Die Sonne geht blutroth auf! Ja, Herbeds Blut! Herbeds Blut verkündet sie! — Alles ist noch still; die Zinnen der fernen Berge beginnen sich zu röthen. Ehe der Tag das Thal überstrahlt, soll Herbed gefallen sein! (ab.)

Verwandlung.

Kerker.

Herbed (liegt in Fesseln.)

So ist denn überall Verrath! Selbst in der armen Hütte, in der ich Obdach suchte, war ich vor ihm nicht gesichert. Wie auch könnte es anders gewesen sein, da Mobeds Tochter, im trügerischen Schimmer mir erschienen, wohl die Sklaven gerufen hatte, mich in den Kerker zu schleppen; denn kaum von ihrer Erscheinung entzückt, aber getäuscht, traten die Krieger ein, mich gefangen zu nehmen. Fürwahr, ich bin zum Unheil geboren! Meiner Jugend beraubt hatte ich nun gehofft, Verlorenes wieder zu erringen. Vergebens! Alles Täuschung! Alles Betrug! — Was soll nun mit mir geschehen? Was nützt mich die Weisheit, die ich durch diesen Wunderring erlangt? Sie bleibt verkannt! Wo ist jener Einsiedler, der mich aus Mobeds Gewalt befreit? Hat auch er gelogen? Fluch über ihn, wenn es so ist! Soll ich an der ganzen Menschheit verzweifeln? Wehe! Wehe! —

(Die Thüre des Kerkers öffnet sich.)

Wer kömmt? Ich werde wohl zum Tod geführt werden.

Myrrha (tritt ein.)

Ich bin es, Herbed.

Herbed.

Du, in der ich all meine Hoffnung, all meinen
Trost zu finden geglaubt? und auch Du hast mich
verrathen? Wie gelang es Dir in diesen Kerker
zu bringen? — Allerdings kein Wunder, da Du
mit dem Verrathe im Bunde bist.

Myrrha.

O sprich nicht so, Herbed! Du verkennst mich.

Herbed.

Ich Dich verkennen? — Wohl warst Du mir
wie ein helles Gestirn in der dunklen Nacht meines Lebens erschienen; allein die Enttäuschung
folgte nur allzuschnell!

Myrrha.

Die Enttäuschung? Wer anklagt, der muß
auch beweisen!

Herbed.

Diese Mauern sind es, die Dich anklagen; un-
umstößliche Beweise der Verrätherei.

Myrrha.

Du willst der Weiseste sein unter Allen, so
bewähr' es und lasse Dich nicht vom Scheine blenden.

Herbed.

Erkläre Dich.

Myrrha.

Als Du wie entseelt vor mir niedergesunken warst, traten die Häscher, von Moschopulos Dich zu fah'n ausgesandt, ein. Ich wußte nichts von ihnen, bei allen Göttern! Als Du gefesselt fortge= führt wardst, sank ich vom tiefsten Schmerz er= griffen hin. Da kam mein Vater, Mobed —

Herbed.

Nichts von ihm — dem treulosen!

Myrrha.

Er gab mir den Schlüßel zu der Pforte dieses Kerkers und sagte: „Eile zu Herbed, ihn zu be= freien!"

Herbed.

Wie? ist es möglich? Mobed? —

Myrrha.

Befreie Herbed aus seinen Fesseln, sprach er.

Herbed.

Er, der — mit Moschopulos vereint — von meiner Kindheit an mein Feind war, hieß Dich, meine Ketten brechen?

18

Myrrha.

So ist's. Allein nicht diese Fesseln allein
sind es, die Herbed binden — sprach mein Vater;
der Wahn ist es, der ihn noch mehr kettet.

Herbed.

Täusche mich nicht durch neues Blendwerk.

Myrrha.

Höre, theurer Herbed! (denn die Götter wissen
es, daß Du meinem Herzen theuer bist) höre und
glaub' es. Jener Einsiedler, der Dir den Zauber=
ring gab, war Moschopulos, welcher Dich der wei=
sen und liebenden Führung meines Vaters ent=
reißen wollte. Es gelang ihm. Allzuschnell gabst
Du ihm Gehör und den Ring am Finger ver=
schmähtest Du die wohlgemeinten Warnungen mei=
nes Vaters.

Herbed.

Wenn sich mein Herz auch zu Dir mächtig hin=
gezogen fühlt, meine Weisheit täuscht mich nicht.
Sie hieß mich Deinen Vater erkennen, der mich
nun durch Deine Reize mit neuen Vorspiegelungen
täuschen will, um mich gänzlich zu vernichten.

Myrrha.

Sieh diese Rose, deren Duft Dich entzückt hat —
es ist die Rose der Liebe und Demuth!

Herbed.

Der Blumen Duft betäubt! Unter Rosen lauern giftige Schlangen!

Myrrha.

Theurer Herbed, glaube mir! Wirf den ver=hängnißvollen Ring von Dir und Alles wird Dir klar werden, oder schenke mir ihn und ich will Dir die duftende Rose dafür geben.

Herbed.

Nein und nimmermehr!

Myrrha.

Zögre nicht länger, Dich selbst zu retten. Schon nahen Deine Henker.

Herbed.

Der Tod ist mir willkommen.

(Die Kerkerthüre wird geöffnet.)

Myrrha.

So will ich Dich im letzten Augenblicke noch fragen. Eines versprich mir: Wenn Dir der Tod gewiß, so schenke mir Deinen Ring.

Herbed.

Ich gelob es Dir.

18*

Mebon.

(mit Kriegern, erſcheint an der Thür)

Herbed! Herbed! folge mir! Deine Zeit iſt abgelaufen.

Herbed.

Es ſei! Ich bin gefaßt. — Myrrha, gib mir
die Roſe, daß ihr Duft mich in dem letzten Augenblicke meines Lebens noch erquicke.

Myrrha.

Nur gegen den Ring!

Herbed.

Du haſt Recht, Myrrha. Was ſoll er mir
jetzt noch? Nimm ihn und reiche mir die Blume.
Was nützt mich die Weisheit dieſes Lebens, wenn
ich es verlaſſen ſoll. (zieht den Ring vom Finger) Hier iſt
der Ring, gib mir die Roſe!

Myrrha (ihm die Roſe reichend).

Die Götter ſei'n geprieſen! Jetzt haſt Du
geſiegt!

Donnerſchlag. Die Kerkermauern ſtürzen ein. Verwandlung in
einen romantiſchen Palmenhain, in deſſen Mitte ein phantaſtiſcher
Tempel mit flammendem Altare; an ſeinen Stufen ſteht Mobed;
ringsum Genien mit brennenden Fackeln.

Herbed.

Welch ein Wunder! Wie iſt mir? — Myrrha!
Mobed! Ein Strahl von Wonne durchzückt mich!

Mobed.

Ja, du hast gesiegt, da du dem Ring entsagtest!

Myrrha.

Ich schleudere ihn von mir!

(Sie wirft den Ring weg, der sich in eine Schlange verwandelt.
Aus der Tiefe erscheint unter Flammen Moschopulos, welcher
die Schlange erfaßt und mit ihr wieder versinkt.)

Mobed.

Sieh, Herbed, wie der Ring zur Schlange ward
Und mit Moschopulos in Nacht versank!
Gerettet bist du, König bist du nun
Von Allahbad! Dein Scepter sei gesegnet!
(Er setzt Herbed ein goldenes Diadem auf.)
Rings nah'n zu huldigen dir die Völker,
Ein milder Herrscher sei dem Vater gleich!
(Krieger und Volk ziehn ein, Palmen schwingend.)

Herbed (Mobed umarmend).

Jetzt seh ich's ein, daß du mir Vater warst
Und Vater, Mobed, sollst du mir auch bleiben.
Myrrha sei Königin, zur Braut erkoren
Besteige sie mit mir den Königsthron:
Und diese Rose sei fortan das Bild,
Das meinem Königsschild als Zierde diene,
Und Lieb' und Demuth seien die Devise,
Die sich Allahbads König hat gewählt.
(Er führt Myrrha zum Altare.)

Chor.

Heil Dir, Herbed, Heil Myrrha Dir!

Vor Eurem Throne knieen wir.

Die Wahrheit hat gesiegt, die Lüg' entschwand;

Des Segens Sonne schütze dieses Land!

Ein rother Schimmer überstrahlt die Bühne während der Vorhang fällt.

Ende des Stückes.

Casperl als Garibaldi.

Ein politisches Trauerspiel.
Aus dem Italienischen übersetzt.

Personen.

Salzmaier, Bürgermeister.
Spritzler, Rathschreiber.
Casperl Larifari.
Margarethe, seine Frau.
Bock, Schneidermeister.
Zapfl. Wirth zum „grünen Ochsen."
In der Ferne das Garibaldische Armeecorps.

Amtsstube des Bürgermeisters.

Bürgermeister Salzmaier. Da,n Sprißler.

Salzmaier (am Arbeitstische sitzend).

Sprißler! — Sprißler! wo steckt Er wieder?

Sprißler (Akten unter dem Arme).

Da bin, da bin ich, Herr Bürgermeister; hab
nur in der Registratur Etwas holen müssen.

Salzmaier.

Flausen, Flausen! Ich kenne Seine Registratur schon. Das ist die Rathdienersstuben unten
bei der Weinflaschen oder im „grünen Ochsen“
drüben beim Bierkrug. Ich werde aber dem Miß-
stand bald abhelfen. Der Rathdiener darf keinen
Wein mehr abgeben aus seinem Keller. Wird
mir das ganze Personale verdorben mit der beque-
men Gelegenheit zum Frühschöppeln. 'S ist eine
Schand! Schau Er sich nur einmal in den Spiegel. Vorigs Jahr war seine Nasen roth und heuer
ist sie schon ganz violettblau Das wär mir eigentlich ganz einerlei, ob Er eine rothe oder eine

blaue Nasen hat; aber der Dienst, der Dienst leidet darunter.

Spritzler.

Herr Bürgermeister, da muß ich schon bitten. Was meine Amtspflicht betrifft, kann mir — glaub' ich — kein reprement gemacht werden und die paar Tröpfeln Wein, die ich bisweilen zu meiner Magenstärkung trink, brauchen S' mir net vorzuhalten — die zahl ich selber. Und wenn ich nicht wär, so ging gar nichts mehr zusammen auf'm Rathhaus. Ich bin doch die Seel vom ganzen Collegium.

Salzmaier.

Oho, Mossieur Spritzler! Das wär nicht übel! aufbegehren auch noch, wenn Ihm sein Vor=stand, ich, der Bürgermeister — eine Zurechtwei=ung gibt? Das verbitt ich mir ernstlich! Ver=standen, Mossieur Spritzler? Vergeß' Er Seine Stellung nicht.

Spritzler.

Die vergeß ich gwiß nit; aber ich hab eigent=lich gar keine rechte Stellung mehr. Vor lauter Schreiben und Sitzen seh' ich bald selbst wie eine verbogene Schreibfeder aus.

Salzmaier.

Still da; ich verbitt mir die witzigen Bemer=
kungen, die nicht hiehergehören. Was soll ich
nachher sagen? Ich unterliege ja beinah meiner
Würde und Bürde Auf mir ruht die ganze Last
der städtischen Angelegenheiten! Ich bin die Stütze
des ganzen Gemeindecollegiums! Wenn ich nicht
wär — — Doch genug. Wo ist der heutige
Einlauf? Nichts Neues? Keine Meldung?

Spritzler.

Der Schneidermeister Bock steht schon eine
Stund draußen in der Rathsstuben und wart't
auf'n Herrn Bürgermeister, weil er eine Anzeig zu
machen hat.

Salzmaier.

Hab mich heut ein bißl verschlafen. Was
wird das wieder sein? Gewiß wieder eine Klage
wegen Gewerbsbeeinträchtigung oder so was zwiders.

Spritzler.

Ja, es könnt leicht so was sein; denn die
Schneider haben sich schon lang beklagt, daß die
Nahderinnen auf der Stöhr den Herren die Knöpf
annähen, was nur der eigentlichen Schneiderzunft
zusteht.

Salzmaier.

Dem Spectakel wird bald abgeholfen werden. Haben wir nur einmal die Gewerbfreiheit. Ich wart schon lang auf die Einführung dieses Fort= schrittes. (für sich.) Mir schadt's Nichts, denn mein Laden bleibt doch in Schwung, und die Magistrats= geschäfte werden dann vermindert. (zu Sprißler) Also, laß Er den Bock herein. (Sprißler ab.)

Salzmaier.

Der Sprißler wird mir wirklich etwas zu üppig! Aber was will ich machen? Er ist und bleibt doch meine rechte Hand, also muß ich ihm immer durch die Finger schau'n.

(Bock tritt ein)

Salzmaier.

Guten Morgen, Herr Schneidermeister! Was gibt's? Womit kann ich aufwarten?

Bock.

Bitt unterthänigst; von aufwarten ist keine Red, Herr Bürgermeister, das wär meine Sach. Ich hab nur eine kleine Klag vorzubringen, wenn ich bitten dürfte.

Salzmaier.

Immer und immer Klagen! — Nun, wo fehlt's wieder?

Bock.

Herr Bürgermeister wissen ja, daß der Herr
Casperl bei mir wohnt.

Salzmaier.

Ja, das weiß ich. Im zweiten Stock.

Bock.

Gestern war wieder so ein Spectakel, daß wir
die halbe Nacht nicht hab'n schlafen können im
ersten Stock.

Salzmaier.

Was Spectakel? Wie so?

Bock.

Der Herr Casperl ist wieder nach 12 Uhr mit
einem Rausch heimkommen und hat seine Frau
geprügelt. Das gschieht alle Wochen ein paar Mal
und meine Inwohner haben mir schon gedroht,
daß Alle ausziehn woll'n, wenn dem Unfug nicht
abgeholfen wird.

Salzmaier.

Das ist doch erschrecklich mit dem Herrn Casperl! Von alle Seiten laufen Klagen und Be-
schwerden gegen ihn ein. Ueberall macht er Spectakel! Aus alle Wirthshäuser werfen's 'n 'naus.
Vorige Woch hat er mit'm Nachtwachter grauft

wegen der Polizeistund! Vorgestern hat er der
Frau Obstlerin das Standl umgworfen, daß alles
Obst in den Stadtbach gekugelt ist.

Bock.

Ja und mir ist er schon seit zwei Jahren den
Hauszins schuldig und aufkündigen kann ich ihm
auch nicht; denn da wär der Teufel los; meine
Lehrbubn halten so zu ihm. Helfen's mir, Herr
Bürgermeister, ich bitt Ihnen um Gotteswillen.

Salzmaier.

Aha! jetzt ist wieder die Behörde gut genug!
Sonst kann man nichts thun, als über sie schim=
pfen. Jetzt soll ich wieder helfen! — Apropos!
Sind meine Hosen noch nicht fertig? und mein
Gilet noch nicht ausgebessert?

Bock.

Heut früh hab ich's der Frau Bürgermeisterin
eingeliefert. Vom Hosenzeug ist noch eine halbe
Viertel Ellen übrig geblieben, da hab ich gleich
dem Gilet damit das Rückblatt neu eingesetzt.

Salzmaier.

Gut, gut — und die Rechnung?

Bock.

Bitt unterthänigst, das hat gute Weg. Der

Herr Bürgermeister haben ohnedieß so viele Ge=
fälligkeiten für mich. Da woll'n wir nicht weiter
davon reden.

Salzmaier.

Brav, brav! Ich bleib einstweilen ihr Schuld=
ner bis Mehr zusammenkommt. — Ja — dem
Herrn Casperl will ich aber gleich zu Leib steigen.
Der Wirthschaft muß ein End gemacht werden. Ich
werd ihn gleich citiren lassen. (Klingelt.)

Spritzler (tritt ein.)

Was befehlen der Herr Bürgermeister?

Salzmaier.

Spritzler! gleich zum Herrn Casperl schicken.
Er soll in einer Stunde zu mir aufs Amt kommen.

Spritzler.

Soll gleich geschehen. (Bei Seite) Auweh! Jetzt
woll'ns mein' guten Freund dazwischen nehmen! (ab)

Salzmaier.

So, Herr Bock; jetzt geh'ns nur wieder nach
Haus. Die Gschicht soll bald bereinigt sein. Gu=
ten Morgen! Eine schöne Empfehlung an die
Frau Schneidermeisterin. Guten Morgen! (ab.)

Bock (allein)

Dießmal laß ich nimmer aus. Das wird mir

zu arg mit der Bagage. Eingesperrt muß er mir
werden und da hilft Alles nichts; nachher hab ich
doch auf einige Zeit wieder an Ruh! (ab.)

Spritzler.

Bestellt ist er; aber zugleich aviso gegeben,
was 's bedeut. Im Gegentheil — ja im Gegen=
theil! Ueber mein' Freund Casperl laß ich nichts
kommen. Der fidele Kerl! die treue Seel! da müß'n
wir Etwas ausstudieren miteinander, daß die bür=
germeisterliche Amtsthätigkeit einen Ableiter be=
kommt und der Arm der Strafgewalt an der Exe=
cution gehindert wird. Also sei gscheid, Spritzler!
Nimm dein' ganzen Kopf zusammen.

Jetzt gschwind zum Casperl in den grünen
Ochsen, da werd' ich 'n gwiß finden. Dort soll
der Plan ausgedacht und abgemacht werden, bevor
er zum Bürgermeister in's Verhör kommt (ab.)

Verwandlung.

Wirthsstube im grünen Ochsen.

Zapfl.

Schon 10 Uhr, und noch kein Gast da? Net

a mal der Casperl. Ja der muß halt sein' Rausch von gestern ausschlafen. Der ist mein beste Kund= schaft. Aber nacher kommt gleich der Sprißler. Die saufen was z'samm! — So jetzt hab' ich grad noch Zeit zum Anzapfen und zum Wasserschütten. Das ist noch a Glück, daß die Bräuer so a paf= sabl's Bier machen; da bleib't 's noch was für unser Ein. Auf ein Emmer so a 12 Maßl Wasser ist grad recht. Das ist meine Gäst gsund, denn sie kriegn kein Kopfweh, und mir thut's auch gut. Ich muß doch mein erlaubten Profit haben!

Casperl (draußen, singt.)

Zapff.

Aha, jetzt kommt er schon!

Casperl (tritt ein.)

Zapff.

Bon jour, Mossieur Casperl. Warum so spät?

Casperl (wichtig thuend.)

Ja, Freund meiner durstigen Seele! die heu= tige Sonne ist umnebelt und düster aufgegangen.

Zapff.

Ja, von deim gestrigen Nebel, nit wahr?

19

Casperl.

O nein, o nein, edler Zapfel und Zapfler. Ein
furchtbares Geschick hat beim ersten Sonnenstrahl
meine Stirne umwölkt.

Zapfl.

Sapperment, was muß das sein, daß d' so hoch=
deutsch redst?

Casperl.

Vor Allem eine Maß zur Stärkung meines
erschütterten Gemüths!

Zapfl.

Gleich bring ich ein Frischangstochenes!

Casperl (tragisch.)

O ja, steche an! Entwickle deine Berufsthätig=
keit mit jener edlen Manneskraft, welche deiner
würdig ist, damit der ermattete Lebenswanderer sich
laben könne an der Quelle.

(Zapfl bringt Bier.)

Casperl.

In die Tiefe dieses thurmartigen Gebäudes —
Maßkrug genannt — will ich mich versenken!
(in gewöhnlichem Tone) Schlapperment, aber heut hab
ich schon an Durst, Zapfl! Ich glaub, weil ich

gestern z'weng trunken hab. Kurz und gut und
gut und kurz, laß dir sagen, Zapfl, ich muß nacher
zum Bürgermeister nüber vermuthlich wegen meiner
gestrigen Aufregung. Ich hab nehmlich in meiner
germanischen Begeisterung wie ich z'Haus kommen
bin mit meiner Grethl etwas zu vernehmlich dis=
curirt. Sie sprach wieder oder widersprach, [was
ich durchaus nicht dulde, besonders wenn ich in
einer exultirten Stimmung bin, und da gab Ein
Wort das andere; ich ward heftig, sie ward giftig,
ich warntetete, ich drohtetete! — endlich kam es zu
Thätlichkeiten! Ich ließ meine männliche Autorität=
schaft walten, Schlag auf Schlag; sie fiel unter
meinen Streichen. Diese häusliche Scene blieb
aber nicht Privatangelegenheit; denn in Folge des
Lärm's wurde die unter mir schlummernde Bocks=
familie veranlaßt, mit meinem Verhalten unzufrie=
den zu sein, und der Staatsbürger von Nadel und
Faden, diese elende Schneiderseele hat mich heut in
aller früh schon beim Bürgermeister verklagt, in
Folge welcher Renunziation ich amtlich klistirt wurde
und mich in einer halben Stunde bei unserm städti=
schen Tyrannen Salzmaier einzufinden habe. Jetzt
hast die ganze Gschicht, Zapfl!

19*

Zapfl.

Also zitirt bist worden? Aber daß 'd gar kein Ruh gibst! alleweil Spetakel und alleweil Spetakel! nacher kann die Straf nit ausbleiben. Werd doch Einmal gscheid!

Casperl.

Gscheid? Ja was is denn gscheid? Trinken oder nicht trinken? Trinkt der Mensch nix — so verdurst't er; und das ist doch nit gscheid! und trinkt der Mensch, so hat er die Pflicht seinen Durst zu löschen; denn das gebietet die Selbster= haltungsschuldigkeit und das ist gscheid. Also soll besonders ein Wirth oder Bierzapfler, wie du bist, von einer solchen Gscheidheit nit reden, sonst ist er selber ein dummer Kerl.

Zapfl.

Jetzt hast du wieder recht. Also sei gscheid und trink so viels d' magst.

Casperl.

Das Trinken ist ein natürlichs Bedürfniß, ein Naturtrieb, den der Mensch nicht unterdrucken soll. Hätt' der Adam zur rechten Zeit sein' Durst glöscht, so hätt' er gwiß nit in den sauern Apfel bißen;

denn wenn ich dein schlechts Bier trunken hab, so fallt's mir gwiß nit ein, daß ich noch an Apfel iß.

Zapfl.

Du sprichst wie ein Buch. (schaut zum Fenster hinaus.) Ah, da kommt der Sprißler. Sein rothe Nasen glänzt schon von weiten daher.

Casperl.

Bravo! aber jitzt Wirth entferne dich. Wir haben mitenand was abzmachen, was vor der Hand der ganzen Menschheit noch ein Geheimniß bleiben soll. Also hinaus, Wirthsseele! begib dich einst= weilen in die Kuchel und besorg mir ein dutzend Bratwürst.

Sprißler (tritt ein.)

Gschwind eine Maß, Zapfl! dann entferne dich und laß uns zwei allein.

Zapfl (bringt Bier.)

So da habn's Eine, Herr Sprißler. Ich geh schon. (ab.)

Sprißler.

Casperl! dir droht Gefahr!

Casperl.

Ha! Verrätherei oder was —

Sprißler.

Eingsperrt sollst werd'n. Allein wir wollen
dem Verhängniß zuvor kommen.

Casperl.

Wenn besagte Einsperrung mit Wasser und
Brod verbunden ist — dann auweh! Sollte aber
besagte Einsperrung die gute Kost nicht ausschlie=
ßen, so bin ich dabei.

Sprißler.

Du hast das Aergste zu befürchten; denn der
Herr Bürgermeister ist ungeheuer aufgebracht über
dich. Also bleibt kein Rettungsmittel als Klugheit.

Casperl.

Was fangen wir an, Freund Sprißler?

Sprißler.

Ich hab mir schon was ausgedacht.

Casperl.

'Raus damit!

Sprißler.

Ich hab gestern in der Zeitung glesen, daß der
Garibaldi schon gegen Tirol rausruckt. Des weißt,
daß der Bürgermeister den Garibaldi wie 'n Teu=
fel fürcht; ich werd' eine telegraphische Depesche er=

finden, daß er schon an der Grenz steht mit 50000 Italiener und du mußt als Garibaldi einrucken.

Casperl.

Schlapperment, das ist nit übel! Ich komm als Barigaldi mit 50000 Italiener! Und nach=her quartir ich mich beim Bürgermeister selber ein und laß mir auftischen, was mir schmeckt, und du darfst mit mir essen und trinken.

Spritzler.

Nur klug und vorsichtig. Geh jetzt 'nüber in's Verhör und thu nur recht lamentabel; ich komm nacher schon zur rechten Zeit dazwischen mit meiner Depeschen.

Casperl.

Brav, so machen wir's! Schlipperment, das gibt en Hauptgaudi. Das ganze Stadtl muß allarmirt werden, wenn ich mit meinem Sabel komm.

Spritzler.

Aber italienisch mußt reden, sonst kennen's dich ja an der Sprach.

Casperl.

Das versteht sich. Gib Acht, was ich daher

welschen werd. Ich hab so en alts italienisch'
Sprachbüchl; in dem will ich a bißl studiren.

Sprißler.

Gut! also fort zum Bürgermeister.

Casperl.

Zuvor noch eine Umarmung! Laß dich an
meinen Freundesbusem drücken. Ewig dein — o
— o — o! (Beide ab.)

Verwandlung.

Amtsstube des Bürgermeisters.

Salzmaier tritt mit Frau Margrethe ein.

Salzmaier.

Also wirklich, Madame Casperl?

Margrethe (spricht mannheimerisch).

Ja werklich, Gstreng Herr Börgermöster. Er
hat mer mein Buckel elend verkloppt, der Lumb.
Es werd mer zu arg. Ich bitt Se um Gottes-
willé; rangire Se mer'n nur tüchtig.

Salzmaier.

O da können's überzeugt sein, Madame Cas=
perl, daß ihr sauberer Herr Gemahl tüchtig her=
gnommen wird. So en acht Tag bei schmaler
Kost Einsperren, das wird ihn schon auf eine gute
Zeit lang mürb machen.

Margrethe.

Und denke Se sich, Herr Börgermöster: Ge=
schimpft hat er mich ach noch. Aus die Prüchel
wollt ich mer nix gemacht habe, denn die bin ich
gewehnt, aber daß er mich en albe Schachtel gheiße
hat, das is doch infam; net wahr Herr Börger=
möster?

Salzmaier.

Ei, das versteht sich. Das ist ja gar keine
Manier, Sie eine alte Schachtel zu heißen und
Sie sind doch noch so gut conservirt für Ihr Alter.

Margrethe.

Ja was meene Se denn, daß Se mit meim
Alter komme? Verzig Jahr, des is doch noch
keen Alter. — Aber Apropos, Herr Börgermöster,
wie steht's denn mit der Politik? habe Se nir
Neus gehört? denke Se nur: Grad secht mer die
Frau Functionärin drüwe, daß in der Zeitung steht,

der Garibaldi wär schon längst in Neabel einge=
rückt und jetzt rückt er immer näher und näher
gege uns 'rauf, so daß mer keen Tag net sicher
wär, ob er net bei uns auch Spektakel mach.

Salzmaier.

Ha, ha, ha! da ist nichts zu fürchten, liebe
Madame Casperl; bis der zu uns kömmt, hat's
gute Wege, und von so einer nahen Gefahr habe
ich in der Zeitung noch nichts gelesen.

Margrethe.

Es muß aber doch e Deuwelsborsch sein, der
Garibaldi; denn wo er nor immer erscheint, da
lauft Alles davon und er nimmt ja alle Städt
und Poste ein, ohne daß e Schlacht geliefert werd.
Er ganz alleen, denke Se sich, Herr Börgermöster!
Er alleen, höchschstens mit seem Adjütante!

Salzmaier.

Ha, ha, ha! Liebe Madame Casperl, die Po=
litik ist nicht die Sache der Frauen! Sein Sie
ganz ruhig. Wir haben den Garibaldi nicht zu
fürchten; aber das ist nicht zu leugnen, daß seine
Persönlichkeit von großer Gewalt sein muß; aber
käm' er nur einmal zu uns, wir wollten ihm schon
den Weg weiter hinaus zeigen, dem Raubgesellen,

dem Schinderhannes, dem italienischen bayrischen
Hiesel!

Spritzler (tritt ein.)

Herr Bürgermeister, der Casperl ist zum Ver=
hör da.

Salzmaier.

Gut, er soll hereinkommen. Gehen Sie einst=
weilen in mein Nebenzimmer, Madame Casperl.

(Margrethe ab.)

(Spritzler ab. Casperl kömmt herein.)

Casperl (spricht sehr bedeutsam.)

Habe die Oehre, mich beim Herrn Burgermei=
ster vorzuführen.

Salzmaier.

Jetzt ist nicht die Red vom Vorführen, sondern
vom Aufführen, Monsieur Casperl. Was haben
Sie wieder in vergangner Nacht angfangen.

Casperl.

O angefangen hab ich nichts; ich hab nur meine
Gattin aufgfangen, wie sie voll Zärtlichkeit in
meine Armee gefallen ist.

Salzmaier.

Keine Spaßetteln, Herr Casperl! Ich weiß Alles.

Casperl.

Wenn Sie Alles wissen, dann gebietet mir die

Bescheidenheit nichts mehr zu sagen, weil Sie schon Alles wissen, was ich Ihnen zu sagen Gelegenheit zu ergreifen pflichtschuldigst aufgefordert werden hätte können sollen oder haben, insoferne die Pflicht des Staatsbürgers seiner vorgesetzten Behörde die geeignete verantwortliche Aufklärung und Schuldigkeit keineswegs so und so oder auch nicht demuneractet gewißermassen, einerseits oder andererartens, hinten oder vorn — —

Salzmaier.

Hören Sie auf mit Ihrem Unsinn! Man kann doch wirklich kein gscheides Wort mit Ihnen reden.

Casperl (fein und wichtigthuend.)

Wer nicht gscheid ist, kann auch nichts Gescheides reden. Nun ist hier die Frage: Wollen Sie mit mir reden, oder soll ich mit Ihnen reden? Also, wer ist eigentlich derjenige Welche?

Salzmaier.

Kurz, um zur Sache zu kommen. Die Beschwerde des Schneidermeisters Bock ist constatirt, daß Sie sich heute wieder des Vergehens der nächtlichen Ruhestörung schuldig gemacht haben.

Casperl.

Erlauben Sie, Herr Bürgermeister, daß ich mich über diesen subtilen Punkt rechtfurtige und explucire?

Salzmaier.

Das wird eine saubere Rechtfertigung sein. Also?

Casperl.

Erstens — ist das schon eine Schand, daß ein Mensch Bock heißt und besonders ein Schneider.

Zweitens — hat sich ein Bock niemals zu beschweren, weil ein Bock ein unvernünftiges Thier ist.

Drittens — was dieser Bock contrastirt hat, ist eine Verläumbung, weil die Bocksfamilie im ersten Stock logirt und ich im zweiten; also können die Unten nicht wissen was oben gschieht und

Viertens — sind alle Kühe in der Nacht schwarz, also kann von einer nächtlichen Betrachtung oder Ruhestörung keine Rede sein und

Fünftens — also bin ich unschuldig und der Schneiderbock ist ein elender Kerl, der einen kinderlosen Familienvater in's Unglück stürzen will.

Salzmaier.

Sind Sie fertig?

Casperl (großartig.)

Ja — ich bin fertig! Mein Gewissen schweigt,
mein Herz schlägt, mein Busen wogt — ich bin
ein Mann, der sein Schicksal mit Ruhe erwartet
— wenn's nit z'lang warten laßt.

Salzmaier.

Nun — dieses Ihr Schicksal wird sein, daß
ich Sie nach Paragraph 18? unseres neuen Poli=
zeistrafgesetzbuches, welches noch nicht publicirt ist,
auf 8 Tage bei Wasser und Brod einsperren lasse.

Casperl.

Wie? noch nicht publirirt und nach dem Tele=
graphen eingsperrt; das ist eine schreiende Ungerech=
tigkeit. Ich appelliriririr an das Schnappellations=
gericht!

Salzmaier.

Sie haben sich zu fügen.
(Lärm draußen.)
Was gibts da draußen?
(Madame Margrethe stürzt herein.)

Margrethe.

Der Garibaldi, der Garibaldi! Da hab mer'sch!
hab ich's net gsogt? Jetzt simmer verlore!

Salzmaier.

S' ist nicht möglich! Da müßt ich ja doch etwas davon gewußt haben.

(Man hört trommeln.)

Margrethe.

Höre Se? Da werd schon getrummelt! Er kommt, er kommt und 50000 Wälsche vor dem Thor.

Spritzler

(stürzt herein, ein Papier in der Hand).

Auweh, auweh, Herr Bürgermeister! der Garibaldi kommt und frißt uns Alle!

Salzmaier.

Wie wär's denn möglich? es ist unglaublich!

Spritzler.

Da lesen's selber den Quartierzettel.

Casperl.

Ich mach mich aus'n Staub. (läuft hinaus.)

Salzmaier (liest).

„Quartier, mit Verpflegung bei Bürger=
„meister Salzmaier für Herrn General Gari=
„baldi."

„Das General=Armee=Commando."

Schrecklich, schrecklich! und trommelt hat's auch

schon, das sind die Vorposten! fürchterlich! Was
fang ich an? Rufts mir den Magistrat zusammen!
Sitzung halten! Beschluß fassen!

Spritzler.

Ja was wollen's denn noch für einen Bschluß
fassen, wenn der Wolf schon im Schafstall ist.

Margrethe.

Ich lauf zu meim Casperle! der muß mich
bschütze, wenn mich etwa der Mossieur Garibaldi
entführe will! (ruft) Casperl! Casperl! (läuft hinaus. Draußen schreit sie furchtbar) er kommt, er kommt!

Casperl als Garibaldi tritt heftig ein.
(Er hat eine große rothe Feder auf dem Hut, eine rothe breite
Schärpe und einen ungeheuern Säbel.)
Salzmaier und Spritzler fallen auf die Knie.

Casperl.

Diavolo, diavolo! schlappermentico!

Salzmaier.

Excellenz, Gnade, Gnade! Ich will Alles
thun, was Euer Excellenz befehlen.

Casperl.

Mordelementico! Tambosi! Sabbadini!

Salzmaier.

O haben's Erbarmen mit uns! Die Stadt
liegt zu Ihren Füßen.

Casperl.

Italiano, Italiano — teutscho!

Salzmaier.

Sprißler, helf Er mir boch! Er hat ja ein=
mal italienisch glernt.

Sprißler.

A bißl kann ich noch was. Ich muß halt ben
Dolmetscher machen.

Casperl.

Dolpatscho, dolpatscho! Si, si, si signore.
Manischiare, Mantschiare, Sauffere! Andiamo!
presto!

Sprißler.

Herr Bürgermeister! er möcht was zum Essen
unb zum Trinken.

Salzmaier.

O mein Gott! was er grab will, wenn ich's
im Haus hab! Frag Er ihn nur, Sprißler.

Sprißler (zu Casperl gewenbet.)

Eccellenza! Cosa voulez vous?

Casperl.

Si, si, si; Salami, Maccaroni, Nierenbrall
unb Sauercrautico, Maraschino, Rossini, De-
vecchi, Santini, Mazzini!

20

Spritzler.

A Salamiwurst und Maccaroninudel möcht er.

Salzmaier.

Das ist gscheid! das hab ich ohnedieß in meinem
Laden. Gleich solln Euer Ercellenz bedient sein.
Und was zu trinken?

Casperl.

Biro, Biro, molto Biro, Vino Burgundio! Caffé
und Tschocolato! Potz Pallavicini und Ricciardelli!

Spritzler.

Richten, S' nur ein paar Maß Bier und ein
paar Flaschen Wein unten her. Ich will'n der
weil schon beruhigen

Salzmaier.

Gleich, gleich. Ich bin froh, daß ich 'naus
komm. (ab)

Spritzler.

Brav, Casperl, du hast deine Sach gut ge=
macht.

Casperl.

Jetzt kommt die Hauptsach! 'S Essen und's
Trinken.

(Margrethe schaut zur Thür herein.)

Margreth.

Herr Spritzler, um's Gotteswille, mein Cas=

perle ist net zu Haus. Er werd'n doch net schon
umgebracht habe, der Wüthrich.

Spritzfer.

Ei bewahr! Kommen's nur ein wenig herein.
Der Herr von Garibaldi hat die Frauenzimmer
recht gern. (zu Casperl) Du, das gibt ein Mordsspaß!

Margrethe.

Ich trau mer net! Ach, ich bin so verzagt.
Aber e schöner Mann is er doch der Herr Gari=
baldi. (tritt schüchtern ein)

Casperl.

A madama, mamsella, bella mamsella!

Margrethe.

Jetzt sagt er gar Mamsell zu mir. Das ist
en artiger Mann. Der glaubt ich sei noch gar nit
verheirath'. Ei das laß ich mer gfalle.

Casperl.

Signora mamsella scharmanterl! Komm Sie
er zu mir.

Margrethe.

Der kann ja e bißche deutsch auch. Ei wie lieb!

Spritzfer.

Ja mit die Frauenzimmer spricht er alleweil
deutsch. Das Frauenzimmerdeutsch versteht er.

Casperl.

Sehr schön Mamsell, gib Sie mir Bussolo.

Margrethe.

Ach neen! jetzt will er gar e Küßche von mir! Aber ich schäm mich; wenn das der Casperl wüßt!

Spritzler.

Nur Courage, Madam Casperl. Bedenke Sie, daß es bei Ihnen liegt, den Wüthrich zu besänftigen und vielleicht die Stadt dadurch vor seiner Grausamkeit zu retten.

Margrethe.

Ja, als Opfer für's Vaterland darf ich's wohl riskire.

Casperl.

Riskiro, riskiro! Jt ab sehr gern, die schön Mamsell, wie Sie. Davolo Schlappermentico!

Margrethe.

Ach, Herr von Garibaldi, Sie sin wirklich allzugütig. Mein Casperle hat mir noch kein einzig's Mol gsagt, daß ich schön bin.

Casperl.

Casperlo, Casperlo? Was Casperlo? Jt bin jetzt der Casperlo von die Mamsella!

Salzmaier (kömmt herein.)

Alles ist bereit, wenn Seiner Excellenz jetzt zum Essen hinunter kommen wollen.

Casperl (vergißt sich).

Nir Bußl, alte Schartekn! Juhe!

Spritzler.

Esel, was treibst denn?

Casperl.

Ja so! Schlipperment! — Mamsella bella, it muß jetzt su die Eß und Trink. Andiamo, andiamo!

(geht ab, die Uebrigen ebenfalls.)

Schneider Bock (tritt ein).

Das ist doch ein Hauptspitzbub, der Casperl! und der dumm' Bürgermeister glaubt wirklich, daß er der Garibaldi ist. Dem Spaß will ich bald ein End machen. Aha! da kommt der Bürgermeister.

Salzmaier (tritt ein.)

Aber, Herr Schneidermeister? Gelt'n S'? das malheur! — Und einen Appetit hat der Kerl! Furchtbar, wie der ißt und trinkt. Jetzt hat er sich kaum niedergsetzt, so war gleich eine Maß Bier brunten, das hätt' ich gar nit geglaubt, daß die Italiener so ein' Zug haben.

Bock.

Ja, Italiener! Merken S' denn gar nichts,
Herr Burgermeister? Das wär mir der rechte Garibaldi, das. Der Casperl ist's, der Lump.
Schau'n S'n nur recht an; aber vor lauter Angst
und Schrecken haben S' gar keine Augen mehr ghabt.

Salzmaier.

Wie, was? der Casperl? nicht der Garibaldi?
Da wär' ich ja furchtbar blamirt!

Margrethe (kömmt eiligst.)

Das is ja zum Teufel hole, Herr Börgermöster! Von eme Garibaldi ist kein Red. Das
is ja mein Casperle. Ich hab'n gleich erkannt,
am Esse und Trinke; denn so wie mein Casperle
kanns Keener! — Gebe Se Acht! Jetzt kommt
er gleich wieder herauf.

Casperl (kömmt betrunken.)

Schlipperdibir! Schlapperdibur! Juhe! — Platz
da, der Barigalbi! (schlägt um sich).

Salzmaier.

Elender Betrüger, du bist erkannt!

Casperl.

Nix da! ich bin der Barigalbi! nix da!

Salzmaier.

Helfen S' mir doch, Schneidermeister! helfen's
mir, daß wir den Kerl bändigen!

Casperl.

Ich bin der Barigaldi! Schlipperment! Platz
da! Wein her, Bier her! Ich laß mich nicht ein=
sperren vom Burgermeister; ich bin der Barigaldi;
ich friß euch Alle mit Haut und Haar auf! Potz
tausend Element! Assalini! Tamburini! Baccinetti!
Massakrini! Rossini! Paccini! Minutti! — Donnerwetter, ich schlag Alles zsamm! —

Allgemeine Balgerei.

Der Vorhang fällt.

Ende.